조선의 의례용 임산물

조선의 의례용 임산물

1판 1쇄 인쇄 2024년 10월 15일
1판 1쇄 발행 2024년 10월 22일

지은이   전영우
발행인   원명

대표   남배현
본부장   모지희
편집   손소전 김옥자
디자인   정면
경영지원   허선아
마케팅   서영주
구입문의   불교전문서점 향전www.jbbook.co.kr 02-2031-2070

펴낸곳   조계종출판사
           서울 종로구 삼봉로 81 두산위브파밀리온 1308호
           전화 02-720-6107 | 팩스 02-733-6708
           이메일 jogyebooks@naver.com
           출판등록 제300-2007-78호2007. 04. 27.

ⓒ 전영우, 2024
ISBN 979-11-5580-228-1 03300

조계종
출판사 지혜와 자비의 눈으로 세상을 바라봅니다.

조선의 의례용 임산물

전영우 지음

조계종
출판사

머리말

황장(黃腸)과 율목(栗木)과 향탄(香炭)은 소나무와 밤나무와 숯을 일컫는 조선 왕실의 의례용 임산물이다. 지난 10여 년 동안 필자가 의례용 임산물에 주목한 이유는 『조선왕조실록』이나 『승정원일기』에 이들에 관한 기록이 비교적 많이 남아 있고, 임산자원이 고갈된 조선후기 상황에서 이들을 원활하게 조달하고자 진력한 조정의 대처 내용도 확인할 수 있어서이다. 더욱이 조선시대 의례용 임산물에 관한 기록은 필자가 지난 30년 동안 천착한 조선의 소나무 정책 실패 원인과 18세기에 조선을 강타한 산림 황폐의 발생 원인을 규명하는 실마리가 되었다.

조선 조정이 소나무를 임산자원으로 각별히 중시한 이유는 이 땅에 생육하는 1천여 수목 중에 소나무만이 관곽재(棺槨材)와 조선재(造船材)로 사용할 수 있었기 때문이다. 조선왕조는 성리학적 통치 이념으로 국가를 운영했고, 『주자가례(朱子家禮)』의 매장 장례의례에 따라 소나무로 제작된 관이 왕실 장례의 필수품이 되었다. 조선 초기부터 황장 소나무로 만든 관을 사용한 왕실의 예장(禮葬) 방식은 문화의 속성처럼 고관대작에게 전파되었고, 마침내 온 백성의 장례에서까지 소나무 관이 국가에서 장려한 장례 필수품이 되었다. 조선왕조가 『주자가례』를 보급하며 소나무 관으로 장례를 치르는 것이 육친에 대한 효도의 완성이라고 피력했기 때문이다.

소나무 관이 위로는 임금에서 아래로는 백성에까지 모두가 원한 장례 필수품이 되었지만, 18세기부터 백성들은 소나무 관재를 쉬이 구할 수 없었다. 17세기 후반부터 시작된 산림 황폐화가 18세기에 심화하면서 관재 값이 4~5배나 급등한 탓이다. 비싼 관재 값을 감당할 수 없었던 백성들은 이엉과 짚으로 시신을 싸서 장례를 지내야만 했다. 18세기 후반 번듯한 상품(上品)의 관 값 200냥은 한양 도성 안에서 집을 한 채 살 수 있는 금액이었고, 하품의 관 값 50냥으로는 왕십리 천변의 밭 4두락(1두락=150평) 600평(2,000㎡)을 살 수 있을 만큼 관은 비싼 값에 거래되었다.

산림 황폐화에 제대로 대처하지 못한 조선 조정이었지만, 왕족의 관곽재로 사용될 황장목만은 조선 말까지 차질 없이 조달했다. 조선 말 엄혹한 시기에 제작된 황장목 관 2부(部) 가운데 1부는 이방자 여사의 1989년 장례에 사용되었고, 다른 1부는 2005년 그의 아들 이구의 장례를 위해 남겨두기까지 하였으니 말이다.

조선 조정은 왕족의 관재 조달에 활용한 방법을 왜 백성들을 위해서는 활용하지 못했을까? 숙종 대에 새로 도입한 봉산 제도는 백성을 위한 제도가 아니라 왕실을 위한 산림 시책은 아니었을까?

밤나무 역시 한국인에게 친숙한 수목이지만, 조선시대 당시 조상의 영혼이 깃든 위패를 밤나무로 제작한 사실을 아는 이는 많지 않다. 조선 왕실은 공신과 재신과 향교에 위패를 공급하는 일을 왕조의 위신과 존엄을 상징하는 일로 인식하였기에 위패 제작용 밤나무 조달에 각별히 신경을 썼다.

하지만 밤나무 역시 조선 후기의 산림 고갈을 피해갈 수 없었다. 충청도·전라도·경상도 삼남지방의 밤나무 자원 고갈로 위패 제작에 필요한 적당한 크기의 밤나무를 구할 수 없게 되자 조선 조정은 남부지방의 사찰림을 율목 조달처의 대안으로 삼는다. 18세기 초 구례의 연곡사에 이어 18세기 중엽 하동 쌍계사의 사찰림을 봉산으로 지정하여 밤나무를 벌채하고, 19세기 초에는 송광사의 조계산까지 율목봉산으로 지정하여 위판목을 조달한다. 왕조의 위신을 상징하는 밤나무 위판목 조달은 1899년까지도 송광사의 율목봉산에서 계속되었다. 밤나무 조달 역시 종국에는 봉산이 활용되고 있었음을 확인할 수 있는 대목이다.

조선시대 왕족의 유택인 능·원·묘에 쓸 제향(祭享) 경비를 안정적으로 조달하는 일은 황장목이나 밤나무 위판목의 조달만큼 중요하였다. 그래서 조정은 왕이나 후궁, 왕자 등의 능·원에 향탄산을 배정해 각종 제사 비용을 충당하였고, 한양 인근의 천마산, 청계산, 수락산, 광교산 등이 그렇게 배정된 능·원의 향탄산이었다.

초대 태조부터 제20대 경종에 이르기까지 조선 조정은 대부분의 향탄산을 한양 인근에서 구했지만, 향탄산 배정 역시 조선 후기에 심화한 산림 황폐를 피할 수 없었다. 조선 조정은 1720년대부터 향탄산을 한양에서 멀리 떨어진 지방에서 구해야 했고, 산림 황폐가 심화한 19세기에는 남부지방의 사찰림을 향탄봉산으로 지정하여 능역과 궁방 운영에 필요한 재원을 충당했다.

황장과 율목처럼 산림 황폐가 심화한 조선 후기의 향탄 조달 실태를 좀 더 구체적으로 확인하고자 『승정원일기』에 수록된 166건의 향탄 기사를 모두 조사한 결과, 향탄산을 능침 부근에 배정했던 기존 원칙 대신에 지리적으로 멀리 떨어진 곳에 향탄산을 배정할 수밖에 없었던 분명한 이유와 시기를 확인할 수 있었다. 지방의 향탄산 배정 역시 18세기에 발생한 산림 황폐와 밀접한 관련이 있었다.

한편 『승정원일기』에 수록되어 있을 것으로 기대한 19세기 말 사찰의 향탄봉산 관리에 관한 기록은 찾을 수 없었다. 대신에 『묘전궁릉원묘조포사조(廟殿宮陵園墓造泡寺調)』를 통해서 도갑사와 보림사가 건릉의 제례 비용을 담당한 조포속사(造泡屬寺)였으며, 능원의 제례 경비를 사찰림을 활용하여 조달하기 시작한 시기도 산림 황폐가 심화한 18세기 말 전후로 확인됐다. 특히 지난 10여 년 동안 의문을 품고 있었던 도갑사 입구에 위치한 '향탄봉안소(香炭奉安所)' 금표가 건릉의 향탄봉안소로 밝혀지고, 남해 용문사에 보관된 향탄봉산 수호총섭패(守護總攝牌)가 전주 조경단의 봉산 관리 책임자의 패로 확인된 것은 의외의 소득이었다.

조선 조정은 산림 황폐가 심화한 조선 후기에도 왕실의 의례용 임산물을 조달하고자 다양한 방법을 강구했고, 사찰림을 봉산으로 지정하여 필요한 임산물을 충당하는 것이 하나의 해결책이었다. 승가 공동체가 철저히 보호했던 사찰림마저 없었더라면 어떠했을까? 상상만 해도 아찔한 일이다.

그렇다면 조선 조정은 왕실의 위신을 지키기 위해서 의례용 임산물 조달에는 그처럼 노력하면서, 왜 만백성이 함께 이용하는 목재와 땔감의 생산과 조달에는 그토록 무능했을까? 또, 왕실에서 필요한 황장과 율목과 향탄의 조달은 조선 말까지 사찰림의 봉산 지정으로 해결하면서, 나라에서 필요한 전선과 조운선을 건조하는 조선재는 왜 제대로 조달하지 못했을까?

국용재로 사용된 소나무 조선재와 달리 왕실의 의례용 임산물은 장생전과 봉상시 같은 담당 부서가 존재했고, 황장목경차관과 율목경차관 같은 전문 감독자를 현장에 파견하여 소나무와 밤나무를 직접 조달하였으며, 벌채 이용 기간을 적절하게 조정하여 3년마다 또는 5년 내지 10년마다 식년(式年)을 이용하는 관행이 그러한 차이를 만들었음이 밝혀졌다. 이 책의 결론 부분에서는 조선 조정이 임산물 조달에 있어 백성을 위해서는 무능했지만 왕실을 위해서는 유능했던, 그 차별적 산림정책이 조선 후기에 발생한 산림 황폐화의 발생 원인이 되었음을 밝혀낼 수 있었다.

차별적 산림정책의 시행과 함께 관재의 조달에 있어 간과할 수 없는 중요한 사실은 조선의 톱 제작 기술의 부재 혹은 부실의 문제이다. 필자는 한국건축역사학회의 2023년 추계학술대회 기조 강연자로서 조선에는 제재용 톱 제작 기술이 없었으며, 부실한 톱이 목재 생산과 유통에 영향을 끼쳐 관재 값의 폭등을 불러왔다는 내용을 발표하는 한편, 조선시대의 제재용 톱에 관한 학계의 관심을 촉구한 바 있다.

톱 제작 기술의 발달 여부가 산림 황폐와 관재 생산은 물론이고 목재 유통에까지 영향을 끼쳤다는 도발적인 주장을 이 책에 별도의 장으로 수록하게 된 계기는 『조선의 숲은 왜 사라졌는가』(2022) 출간 기념으로 신응수 대목장이 선물로 준 자르는 톱과 제재용 톱 덕분이다. 이 두 자루의 오래된 톱은 제재 도구에 관한 나의 호기심을 촉발했음은 물론이고, 임산물 이용에 있어 목공 도구의 역할과 중요성을 폭넓게 조망할 수 있는 기회가 되었다. 소나무가 맺어준 신 대목장과의 30년 인연에 감사할 따름이다.

정년 이후 8년 동안 쉬지 않고 조선의 산림과 관련된 글을 쓸 수 있었던 행운은 '숲과문화연구회' 동료들이 33년째 펴내고 있는 『숲과문화』 덕분이다. 조선의 의례용 임산물에 대한 원고를 다시 다듬고, 제재용 톱에 관한 문제를 제기할 수 있었던 이유도 『숲과문화』

가 있었기에 가능했다.

조계종출판사에서 『조선의 숲은 왜 사라졌는가』에 이어 무겁고 딱딱한 주제를 논증하는, 그래서 상업성이라곤 전혀 없는 이 책을 흔쾌히 출판하는 이유는 조선의 의례용 임산물 조달에 기여한 사찰의 활동을 기록으로 남겨두어야 한다는 출판사의 소명 의식 때문일 것이다. 남배현 대표와 모지희 본부장의 후의에 깊은 감사의 마음을 전한다.

2024년 가을
전영우

PREFACE

Hwangjang(黃腸), yulmok(栗木), and hyangtan(香炭) respectively are ceremonial forest products of the Joseon royal family, referring to pine trees, chestnut trees, and charcoal. I have focused on these ceremonial forest products have been the ceter of my research for the past 10 years because they are relatively well-documented in The Annals of the Joseon Dynasty and The Diaries of the Royal Secretariat. Additionally, these records highlight the government's efforts to procure these resources smoothly during the late Joseon period when forest resources were depleted. These historical documents have provided crucial insights into the failure of Joseon's pine tree policy and the forest devastation that occurred in the 18th century, a topic I have been studying for the past 30 years.

The Joseon government placed special importance on pine trees as a forest resource because, among the 1,000 or so tree species on the Korean Peninsula, only pine trees were suitable for use as coffin wood and shipbuilding materials. The Joseon Dynasty, governed by Neo-Confucian principles, adhered to the burial and funeral rites outlined in the Zhu Xi Family Rituals. Thus, pine coffins became essential for royal funerals. The custom of using Hwangjang pine trees for royal coffins since the early Joseon Dynasty extended to high-ranking officials and eventually became a nationally recommended funeral practice for all the peoples. This was due to the dynasty's promotion of Confucian rites and the belief that using a pine coffin was the perfect expression of filial piety toward one's relatives.

Pine coffins became a funeral necessity desired by everyone from the king to commoners, but from the 18th century onwards, commoners could not easily obtain pine coffins. This was because the deforestation that began in the late 17th century worsened in the 18th century, causing the price of coffins to skyrocket four to five times. People who could not afford the expensive coffins had no choice but to wrap the body in straw and thatch for the funeral. In the late 18th century, the price of a high-quality coffin was 200 nyang, enough to buy a house in Hanyang, and the price of a low-quality coffin was 50 nyang, enough to buy a 600-pyeong(2,000㎡) field in Wangsipri. Although the Joseon government failed to properly address deforestation, it procured Hwangjang, which was used for royal family coffins, without any problems until the end of the Joseon Dynasty. One of the Hwangjang coffins made during the late Joseon Dynasty period was used for the funeral of Lady Lee Bang-ja, the wife of Prince Yeongchin, in 1989, and another was reserved for the funeral of her son Lee Gu in 2005. Why couldnt the Joseon government employ the same method used for the royal familys coffin supplies for the commoners? Wasnt the Bongsan system, introduced during King Sukjongs reign, a forestry policy for the royal family rather than for the commeners?

The chestnut tree is also a familiar tree to Koreans, but not many know that during the Joseon Dynasty, ancestral tablets containing the spirits of ancestors were made from chestnut trees. The Joseon royal family recognized the task of supplying ancestral tablets to meritorious servant, ministers, and hyanggyo(鄕校, village school) as a symbol of the prestige and dignity of the dynasty, so they paid special attention to the procurement of chestnut trees for making ancestral tablets. However, chestnut trees could not escape the depletion of forests in the late Joseon Dynasty. When chestnut resources in the three southern regions(Hoseo, Honam, and Yeongnam province) were depleted, and chestnut trees of an appropriate size needed for making ancestral tablets could not be procured, the Joseon government used temple forests in the southern region as an alternative source of yulmok. Following Yeongoksa Temple in Gurye in the early 18th century, the temple forest of Ssanggyesa Temple in Hadong was designated as a Bongsan in the mid-18th century, and chestnut trees were cut down and used. In the early 19th century, even Jogyesan Mountain in Songgwangsa Temple was designated as Yulmok Bongsan to procure ancestral tablet wood. The procurement of wood for ancestral tablets, which symbolized the prestige of the dynasty, continued until 1899 at Yulmokbongsan in Songgwangsa Temple. The procurement of Yulmok is also a passage that confirms that Bongsan was ultimately utilized. During the Joseon Dynasty, securing stable funds for the ceremonial expenses of royal tombs was as important as securing lumber from Hwangjang pine or chestnut trees. Therefore, the government allocated charcoal mountains to the tombs of kings, concubines, and princes to cover the costs of various ceremonies. Cheonmasan, Cheonggyesan, Suraksan, and Gwanggyosan mountains near Hanyang were the charcoal mountains for the royal fmilies tombs allocated in this way.

From the reign of the first King Taejo to the 20th King Gyeong jong, the Joseon government primarily procured mountain that produces charcoal(香炭山, Hyangtansan) from Hanyang. However, by the late Joseon Dynasty, this procurement could not avoid the severe deforestation that plagued the period. Beginning in the 1720s, the government had to source Hyangtansan from regions far from Hanyang. By the 19th century, deforestation had become so severe that temple forests in the southern region were designated as Hyangtanbongsan to secure the necessary resources for managing royal tombs and palaces.

To more confirm the reality of charcoal procurement during this period of severe deforestation, I investigated all 166 articles on Hyangtansan included in the Seungjeongwon Diaries. I was able to identify the clear reasons and timing behind the shift from sourcing Hyangtansan near royal tombs to more distant locations. The allocation of Hyangtansan to these regions was closely related to the deforestation that occurred in the 18th century.

The records of the temple management of Hyangtanbongsan in the late 19th century, which were expected to be included in the Seungjeongwon Diaries, could not be found. Instead, through the Myojeongungneungwonmyojoposajo(廟殿宮陵園墓造泡寺調), it was revealed that Dogapsa and Borimsa were the temples responsible for the costs of rituals at Geonreung(健陵). The period when they began to procure ritual expenses for royal tombs by utilizing temple forests was identified as around the late 18th century, coinciding with severe forest devastation. In particular, the meaning of 'the collecting place of chacal(香炭奉安所, Hyangtan Bongansoh) prohibition sign at the entrance of Dogapsa Temple, which I had been curious about for the past 10 years, was clarified to be the place to collect charcoal of Geonreung(健陵). Furthermore, the Hyangtan Bongsan Suhochongseoppae(守護總攝牌) handed down at Yongmunsa Temple in Namhae was confirmed to be the sign of the person in charge of Bongsan management for Jeonju Jogyeongdan(肇慶壇), which was an unexpected discovery.

Even in the late Joseon Dynasty, when forest devastation

was severe, the Joseon government sought various methods to procure forest products for royal ceremonies. One solution was to designate temple forests as Bongsan and secure the necessary forest products. What would have happened if the temple forests, thoroughly protected by the Buddhist community, had not existed? It is dizzying to imagine.

The Joseon government made considerable efforts to procure forest products for ceremonial purposes to maintain the prestige of the royal family. However, why was it incompetent in producing and procuring wood and firewood for the common people? The procurement of hwangjang, Yyulmok, and hyangtan for the royal family was managed by designating a temple forest as a Bongsan until the end of the Joseon Dynasty. Yet, why was it unable to properly procure pine wood for building warships and transport ships needed by the country? Unlike pine wood wchich was used as state wood, there were departments in charge of royal ceremonial forest products, such as Jangsaengjeon(長生殿) and Bongsangsi(奉常寺), with specialized supervisors like Hwangjangmokgyeongchagwan(黃腸木敬差官) and Yulmokgyeongchagwan(栗木敬差官) dispatched to the site to directly procure pine and chestnut trees. It was also revealed that the practice of using the logging period appropriately, every three years or every five to ten years, made a significant difference. The concluding part of this book analyzes the discriminatory forestry policy of the Joseon Dynasty government, which was incompetent for the commoners but competent for the royal family in procuring ceremonial forest products, eveals that the cause of the forest devastation that occurred in the late Joseon Dynasty.

In addition to the implementation of discriminatory forest policies, a significant issue in the procurement of wood for making coffins in Joseon was the absence or poor quality of saw-making technology. As a keynote speaker at the 2023 Fall Conference of the Korean Society of Architectural History, I highlighted that Joseon lacked advanced saw-making technology for lumbering. This deficiency resulted in poor-quality saws, which adversely affected the production and distribution of lumber and led to a surge in the price of coffins. I also called for increased academic interest in the saw-making technology of the Joseon Dynasty.

An unexpected opportunity arose to include a separate chapter in this book, making the provocative claim that the development of saw-making technology influenced not only forest devastation and coffin production but also lumber distribution. This was inspired by a cutting saw and a ripsaw gifted to me by Master Carpenter Shin Eung-soo to commemorate the publication of *Why Joseon's Forests Disappeared*(2022). These two antique saws sparked my curiosity about lumbering tools and allowed me to appreciate the broader role and importance of woodworking tools in utilizing forest products.

I am deeply grateful for the 30-year relationship with Master Carpenter Shin Eung-soo, a bond nurtured by our shared connection to pine.

I was fortunate to continue writing about Joseon's forests for eight years after my retirement, thanks to Forest and Culture, a publication by the Forest and Culture Research Association that has been active for 33 years. This support also allowed me to re-edit my manuscript on Joseon's ceremonial forest products and address the issue of ripsaws.

Jogyejong Publishing's willingness to publish this manuscript —despite its heavy and rigid topic, which lacks commercial appeal—following *Why Joseon's Forests Disappeared*, likely stems from the publisher's commitment to documenting the contributions of temples to the procurement of Joseon's ceremonial forest products. I extend my deepest gratitude to CEO Nam Bae-hyun and Director Mo Ji-hee for their generosity.

차례

5장 결론

1장

황장 소나무

"왕대비의 재궁(梓宮)은 옛 제도에 따라, 백변(白邊)을 버리고 황장(黃腸)을 마주 이어 붙여 조성하게 하소서" 하여 그대로 좇았다.
_『세종실록』 1420년 7월 24일자

마지막 남은 조선 왕실의 관(棺)인 재궁(梓宮)이 22일 오후, 영친왕 외아들인 이구(李玖) 씨 빈소가 마련된 서울 창덕궁 안 의풍각에서 언론에 공개됐다. _연합뉴스 2005년 7월 22일자

600여 년의 시차를 두고 소나무로 만든 관에 관한 두 기사는 우리에게 소나무의 위상을 말없이 전한다. 앞의 기사는 조선 제3대 국왕 태종의 왕비이자 제4대 국왕 세종의 어머니 원경왕후의 관재(棺材)로, 황장 소나무의 변재(邊材)를 제외하고 심재(心材)를 마주 이어 붙여 제작한다는 『세종실록』의 기록이다.

아래 기사는 조선 말에 제작된 마지막 재궁이 창덕궁 의풍각에서 오랫동안 보관되어오다가 황세손 이구(李玖)의 장례에 맞추어 2005년 7월 22일 언론에 공개된 연합뉴스 기사이다. 이날 공개된 재궁은 조선 말기에 미리 만들어둔 2부의 재궁 중 하나로, 다른 하나의 재궁은 1989년 영친왕비 이방자 여사의 장례식에 이미 사용되었다. 그래서 이구를 위해 준비된 이 재궁이 조선시대에 제작된 유일한

재궁이었다. 조선 말기부터 비축하였던 이 재궁은 전주 이씨 대동 종약원의 후의로 국립고궁박물관에 수장되었고, 대신에 이구의 장례에는 향나무로 제작된 관이 사용되었다.

당일 오전, 조연환 산림청장은 창덕궁 의풍각에서 조선 왕실의 재궁이 언론에 최초로 공개된다면서 나에게 참석을 권했다. 조 청장의 권유에 따라 나는 서둘러 카메라 가방을 챙겨 들고 조선 왕실의 재궁이 세상에 처음 공개되는 현장을 찾았다.

유홍준 문화재청장과 각 분야 문화재위원이 공개 현장에 참석한 각 언론사 기자들에게 재궁의 유래와 크기, 옻칠 상태 등을 설명하였지다. 하지만 정작 재궁을 만든 황장 소나무의 특성과 산지, 운반과 제작 방법에 대한 설명은 없었다. 그 당시 나는 문화재위원도 아니었고, 또 직접 초대받은 것도 아니기에 재궁 공개 현장에서 황장목 소나무에 대해 입을 열 처지가 아니었다. 하지만 『조선왕조실록』을 비롯하여 다양한 조선시대의 기록물에 등장한 황장목으로 만든 재궁의 실물을 직접 육안으로 확인하는 기회였기에 개인적 감회는 남달랐다. 도대체 소나무가 어떤 재목이기에 600년 세월 동안 변함 없이 조선 왕실의 관재가 되었을까.

1장에서는 소나무가 조선시대 왕실은 물론이고 일반 백성의 관재로 자리 잡게 된 긴 여정을 1) 시대별 장례의식과 관재, 2) 소나무 관재의 정착 과정, 3) 국가의 상장례로 규범이 된 소나무 관, 4) 관재 조달 방법과 법령 제정, 5) 시대별 관재 가격, 6) 조선시대 소나무 관재가 산림 황폐에 끼친 영향 순으로 살펴본다.

1. 상장례의 규범이 된 소나무 관재

가. 시대별 장례의식과 관재

장례법은 시대에 따라 변해왔다. 고려시대에는 화장하고 나서 유골을 사찰에 안치하는 불교식 장례의식이 유행함에 따라 매장에 필요한 관재가 필요하지 않았다. 고려 말에 성리학이 도입됨에 따라 일부 문벌이 높은 사람들이 매장 방식을 선호했지만 소수였다. 성리학적 이념으로 국가를 통치한 조선은 개국과 함께 장례법을 주자상제(朱子喪祭)에 맞추어 장려했다. 이에 장례의식도 시신을 관곽(棺槨)에 넣어 매장하는 방식으로 바뀌고, 왕실과 신흥 사대부가 먼저 그 방식을 따랐다.

먼 옛날 우리 조상들이 시신을 매장할 때 사용한 목관은 어떤 수종이었을까? 불교식 장례의식이 성행하던 삼국시대와 고려시대에는 시신을 화장한 까닭에 목관 유물을 쉬이 찾을 수가 없었다. 반면 원삼국시대(기원전 1세기~기원후 2세기)의 목관 유물은 주목, 느티나무, 상수리나무, 졸참나무, 산뽕나무, 오리나무, 굴피나무를 목재로 사용하였다.[1] 대부분 활엽수를 관재로 사용하였지만, 특이하게도 낙랑시대의 목관 유물은 주목이 다수였다. 백제 무령왕의 관은 일본에만 자생하는 금송으로 만들어졌는데, 이는 백제와 일본 사이에 활발했던 국제 관계를 엿볼 수 있는 사례로 회자되고 있다(〈표1〉 참고).[2]

조선시대의 장례법은 시신을 넣는 관과 관을 넣는 곽을 함께 매장하였다. 소나무는 조선 건국 초부터 왕실에서 관곽재로 사용하였고,[3] 뒤를 이어 사대부 집안에서도 관곽재로 사용하였음이 출토 유물로 밝혀졌다.[4, 5, 6] 관곽재는 널을 만드는 재료로, 널감이나 구재(柩材)라고도 불렸다.

나. 유교식 장례에 따른 소나무 관재의 정착 과정

표 1. 원삼국시대와 조선시대의 출토 목관재의 수종[7]

위치	시대	수종
오야리 낙랑 고분	낙랑시대	주목나무(다수),졸참나무류
화순 대곡리	원삼국시대	굴피나무
경산 임당 고분	원삼국시대	느티나무, 산뽕나무
동래 복천동 가야 고분	가야시대	느티나무
의창 다호리	가야시대	상수리나무(다수), 오리나무
백제 무령왕릉	백제시대	금송
국립민속박물관	17세기 전후	소나무

1) 왕족

조선시대에 소나무가 관곽재로 자리 잡은 과정은 1420년 원경왕후의 재궁(梓宮)을 준비하는 과정을 통해서 확인할 수 있다.[8] 『세종실록』에는 "천자와 제후의 관은 송장(松腸)을 사용한다"는 주희의 의례서[9]에 따라 소나무 황장목을 원경왕후의 관재로 선택하였다고 밝히고 있다.

세종은 재궁을 황장 소나무로 제작하기로 정하지만, 몇 달 뒤 황장목을 전판(全板)으로 사용하는 것에 대해 논의한다.[10] 하지만 4년 후, 지나친 벌목으로 소나무 관재가 고갈될 것을 염려해 앞으로 예장에 쓸 관곽은 황장목을 이어 붙여서 만들도록 결정한다.[11] 그러나 그것도 잠시, 4년 후 다시 관곽의 제작 방법을 또 바꾼다. 상장(喪葬) 의궤에 백변(변재, 邊材)이 없는 소나무가 없기에 백변이 있는 소나무도 사용할 수 있도록 결정한다.[12]

관곽재로 황장목 백변의 제거 여부에 대해 의견을 모은 후, 세종은 1440년 "소나무의 황장과 좋은 재목을 가려 살아 있을 때 미리 수기(壽器)[13]를 만들고, 공조낭청(工曹郞廳)에게 옻칠하게 하여 귀후소(歸厚所)에 보관"하였다가 왕실의 장례에 사용하도록 결정한다.[14] 이처럼 세종은 재위 초반 20년 동안(1420~1440)에 왕족의 소나무 관곽재 사용 규범을 정립하였다.

황장 소나무 판재의 조제 방법을 언급한 실록 기사가 조선 초기에 집중적으로 나타난 이유는 무엇일까? 그것은 아마도 세종 대부터 재궁의 규격에 적합한 대경목 황장 소나무를 주변에서 구하기가 쉽지 않고, 예장용 관곽재의 이용 규범을 제도적으로 정립하던 시기였기 때문일 것이다.

2) 양반과 백성

조선 왕실이 새롭게 채택한 유교적 매장 의식을 신흥 사대부들도 뒤따라 시행했다. 신흥 사대부들이 소나무를 관재로 사용한 기록은 1450년 전후에 제작된 학봉장군의 관곽에서 찾을 수 있다.[15] 뒤를 이어 파평윤씨 모자의 미라가 발굴된 1566년 목관과 청도 수야리 이징(1580~1642)의 1642년 관곽도 소나무로 제작된 것으로 밝혀졌다. 이러한 사례를 참고하면 조선 왕실에 이어 재지사족(在地士族)들도 주자 상제의 장례의식을 충실하게 따랐음을 알 수 있다.

하지만 조선 초기만 해도 일반 백성은 여전히 불교식 화장법과 풍장으로 장례를 지내거나 일부는 사체를 유기하기도 했다.[16] 따라서 대다수 백성이 시신을 소나무 관에 넣어 매장하는 장례 풍습이 정착되기까진 꽤 많은 시간이 필요했다.

다. 국가의 상장례로 규범이 된 소나무 관

조선의 상장례는 세종 대에 유교 의례의 틀 속에 흉례가 포함되면서 완성되었다. 세종은 1444년 『오례의주(五禮儀註)』를 편찬하였고, 이를 바탕으로 하여 1456년(세조 2년)에는 『세종실록오례(世宗實錄五禮)』를 편찬하였으며, 이는 성종 대에 『국조오례의(國朝五禮儀)』로 집대성되었다. 이러한 과정을 거치면서 왕족의 장례에 황장목 소나무로 제작된 재궁 사용이 정착되었고, 선비와 일반 백성의 장례에 소나무 관의 사용이 제도화되었다.

조선은 매장 장례를 장려하기 위해 왜 소나무를 관곽재로 선정하였을까? 조선 지배층은 주자상제를 충실하게 따르기 위해 소나무를 관재로 선정하였겠지만, 목재 이용 측면에서 또 다른 이유가 있었다. 먼저 소나무는 주변에서 대량으로 쉽게 구할 수 있고, 생육환경에 강한 적응력으로 척박한 곳에서도 잘 자라며, 쐐기에 잘 쪼개지는 재질 특성을 보유하여 판재 제작이 용이하고, 세 아름[三抱]만큼 굵게 자라는 수종이었기 때문이다.

1) 왕과 왕후의 재궁

『국조상례보편(國朝喪禮補編)』 권1 계령(戒令)에 따르면, 재궁은 "국왕과 왕비의 관(棺), 시신을 넣는 벽(椑)과 벽을 넣는 대관(大棺)으로 구성된다"고 정의하고 있다. 지체 높은 신분의 사람들도 안널인 관(棺)과 바깥널인 곽(槨)을 사용하였다. 재궁은 황장 소나무로 만든다. 특히 재궁은 왕위 즉위와 함께 '대관(大棺)'이란 명칭으로 바로 제작되며, 제작된 대관은 매년 옻칠을 덧칠하여 장생전에 보관하였다.[17]

재궁의 위상은 왕의 장례 절차를 기록한 『조선왕조실록』에도 남아 있다. 왕의 장례는 신왕의 즉위와 동시에 재궁이 될 대관 준비와 함께 최종적으로 발인까지 수십 단계의 절차를 거친다.[18] 왕의 장례 절차 중 칠성판에 왕의 시신을 안치하는 치벽부터는 재궁에 입관하여 장례를 진행한다. 결국 재궁의 준비는 신왕의 즉위와 함께 시작되며, 왕이 사망하면 칠성판에 안치되어 최종적으로 입관되고 왕릉에 묻히게 되는 셈이다. 따라서 왕의 장례 절차에 필수 불가결한 재궁의 비축은 장생전의 중요한 현안이었다.

재궁의 흔적은 일제강점기 화첩이나 기록집에서도 찾을 수 있다. 『덕수궁국장화첩(德壽宮國葬畵帖)』(경성일보사, 1999)에는 대여(大輿)에 재궁을 올리고 대한문 앞을 출발하는 광경을 담은 사진이 실려 있고, 『순종국장록(純宗國葬錄)』(박문사, 1926)에는 장생전에서 재궁을 모시고 돈화문으로 들어가는 광경이 실려 있다. 이들 사진과 설명문으로 일제강점기에도 재궁이 사용되었고, 장생전에서 재궁을 보관하고 있었음을 확인할 수 있다.

이와 유사한 기록은 조선시대 의궤에서도 찾을 수 있다. 1821년 승하한 정조의 비 효의왕후 김씨와 정조를 합장하면서 건릉을 옮긴 과정을 기록한 『정조건릉천봉도감의궤(正祖健陵遷奉都監儀軌)』에도 재궁을 올린 큰 상여(대여)의 모습이 그림으로 묘사되어 있다. 100여 년 전의 사진이나 200여 년 전의 그림에 나타난 대여 위의 재궁은 변함이 없다.

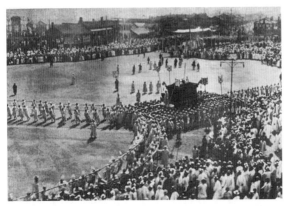

고종의 장례식 당시 대여에 재궁을 올리고 대한문 앞을 출발하는 광경.

순종의 장례식 당시 장생전에서 재궁을 모시고 돈화문으로 들어가는 광경.

1821년 승하한 정조의 비 효의왕후 김씨와 정조를 합장하면서 건릉을 옮긴 과정을 기록한
『정조 건릉천봉도감의궤』에 묘사된 대여(大轝)와 재궁(梓宮).

– 재궁의 제작

재궁의 제작은 1758년(영조 28년) 편찬된 『국조상례보편』 도설(圖說)의 치벽(治椑, 관을 만듦) 항에 자세히 기술되어 있다. 그 내용을 소개하면 다음과 같다.

벽(관)은 즉위하는 해에 소나무 황장판(黃腸板)을 써서 만든다.[19] 두께는 3촌이다. 영조척(營造尺)을 쓴다. 아래도 모두 동일하다. 그 제도는 방직(方直, 바르고 곧다)하며, 머리 쪽은 크고 발 쪽은 작다. 밑판과 양 끝이 합봉(合縫)되는 곳에는 칠을 하고, 벽과 저개(底蓋)가 합봉되는 곳은 뚫어서 홈[凹]을 만든다. 양쪽 곁에 각각 3개, 양쪽 끝에 각각 1개이다. 밑판에 임(衽)을 설치하고 안팎에 칠을 각각 백 번을 채운 뒤에 해마다 한 번씩 칠을 하며, 안에다 물건을 갈무리해둔다. 곧 붉은 팥[小豆]이다. 덮개판과 합봉하는 곳은 때에 맞춰 임에 칠을 충분히 한 뒤에 쓴다.

대관의 제도도 같다. 두께는 4촌이고 길이 및 높이, 너비는 벽에 맞추는데, 각각 1촌 5푼을 남긴다.

임은 곧 소요(小腰)이니, 속칭 은정(銀釘)이다. 길이는 3촌이고, 너비는 2촌 9푼이며, 두께는 1촌 5푼이다. 중간 위치에 가서 양쪽 변으로부터 각각 7푼을 톱질하여 들어가다가 가운데 5푼을 남겨두고 멈춘다. 그리고 네 모서리에서부터 비스듬하게 찍어 들어와 그 양변을 제거하면서 중간의 1촌 5푼 되는 곳에 이르면 양쪽 끝이

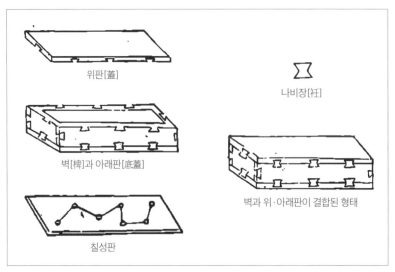

위판[蓋]

나비장[衽]

벽[椑]과 아래판[底蓋]

칠성판

벽과 위·아래판이 결합된 형태

『국조상례보편』 도설에 기록된 관 제작 과정[治椑]의 도해.

2005년 7월 22일 창덕궁 의풍각에서 최초로 공개된 조선시대의 재궁(전주 이씨 대동종약원에서 황세손 이구를 위해 준비한 관곽).

크고 중앙은 작게 된다. 칠성판(七星板) 출(杶)을 태운 재[灰] 위에 안치하는 것이다. 판의 길이와 너비는 벽의 밑면 크기에 준한다. 두께는 5푼이고 북두성의 형상과 같이 7개의 구멍을 뚫는다. 칠하는 방식은 벽과 같고 홍광직(紅廣織)에 종이를 배접한 것을 가지고 안팎을 바른다.

『주자가례』에는 관의 크기와 모양을 다음과 같이 규정하고 있다.

"관의 모양은 바르고 곧으며, 머리 부분은 크고 발 쪽은 작게 하여 (頭廣足俠, 頭高足低) 겨우 몸을 넣을 수 있도록 한다. 높고 크게 하거나 허첨(虛簷)과 고족(高足)을 만들지 않는다."

- 재궁의 크기

『국조상례보편』 도설에 기술된 재궁의 크기를 보면, 외재궁은 길이 7자 9치 9푼(약 240㎝), 겉너비 3자 5치 2푼(105㎝), 높이 3자 5치 7푼(107㎝)이고, 내재궁은 길이 7자 1치(214㎝), 너비 2자 4치(73㎝)였다.

조선 말기에 제작된 이방자 여사의 재궁 크기는 길이 220㎝에 폭은 69㎝(위)와 62㎝(아래)였고, 높이는 58㎝, 두께는 10㎝였다. 염습한 시신을 안치하기 위해 관 바닥에 까는 칠성판의 크기는 길이 198㎝, 폭 47㎝(위)와 42㎝(아래)에 두께 3.3㎝였다.

표 2. 내재궁의 규격

	『국조상례보편』(1758)	정조의 재궁(1800)	이방자 여사의 재궁(1989)*
길이	7자 1치(214cm)	6자 9치 8푼(210cm)	220cm
폭(상)	2자 4치(73cm)	2자 4치 3푼(74cm)	69cm
폭(하)	2자 4치(73cm)	2자 4치 3푼(74cm)	62cm
높이	3자 5치 7푼(107cm)**	2자 4치 5푼(74cm)	58cm
두께	3치(9cm)	3치(9cm)	10cm

* 이방자 여사의 장례에 사용된 재궁은 조선 말기에 제작된 2부의 하나였으며, 나머지 1부는 2005년 황세손 이구의 장례 때 공개되었다.
** 『국조상례보편』에는 내재궁의 높이는 기재되어 있지 않고, 외재궁의 높이만 명시되어 있다.

19세기에 사용된 정조(1800), 수빈 박씨(1821), 효명세자(1830), 문조(1846), 헌종(1849), 철인왕후(1878)의 재궁 크기를 조사한 결과, 정조의 재궁(길이 6자 9치 8분, 210cm)을 제외하고 대부분 7자 1치, 겉너비 2자 3치에 근접하게 제작되었다.[20]

2) 양반과 백성의 관곽

1420년 세종이 소나무를 원경왕후의 재궁으로 쓴 상례(喪禮)는 50여 년 뒤 성종 대에 국가의 예법으로 규범이 된다. 성종은 1474년 나라의 예법 책인 『국조오례의』를 펴내며, 소나무 관곽을 상례로 삼는다.[21] 이에 따라 사대부를 비롯한 일반 백성은 장례에 소나무 관을 사용해야 했다.

성종이 공식적으로 소나무 관곽을 공인한 지 300여 년이 지난 시점에 정조는 다시 국가 예법을 정리하여 1788년에 펴낸 『춘관통고(春官通考)』[22]에 소나무 관곽을 그대로 수록한다. 주목할 점은 1474년부터 줄곧 살아 있을 때 미리 관곽을 만들도록 강조한 규정이다. "효도는 살아 있는 부모를 모시는 것에서 그치지 않고, 죽은 부모에게 상례와 장례와 제례를 통하여 보답하는 것으로 완성된다"는 『주자가례』는 온 나라 백성들에게 효도를 위해 소나무 관을 미리 준비하게끔 주지시켰다.[23]

– 관곽의 제작

『국조오례의』「흉례(凶禮)」의 '대부·선비·서인의 장례의례' 항에는 소나무로 관을 제작하는 규정을 다음과 같이 제시한다.

○치관(관을 만든다)[24]

호상(護喪)이 장인에게 명하여 송판을 택해 관을 만들도록 한다. 두께는 2치이며, 머리 쪽은 크고 발 쪽은 작게 하여 겨우 몸을 넣을 수 있게 한다. 높이와 너비 및 길이는 때에 임해 재서 정한다. 관을 합봉하는 곳은 전칠(全漆)하거나 송지(松脂)를 바르고 쇠못을 박고서 안팎을 모두 칠하여 힘써 견실하게 한다. 곽도 송판으로 만드는데, 두께가 3치이며, 겨우 관을 넣을 수 있게 한다. 칠과 못은 관을 만드는 것과 같다.

초상이 난 날에 나무를 택해 관을 만든다면, 아마도 창졸간에 그 나무를 얻지 못할 수 있고, 칠도 견고하지 못하고 완전하지 않을 수 있으며, 혹여 더운 달을 만나면 시신을 오래 두기 어려우니, 옛 사람도 생시에 스스로 수기(壽器)를 만든 자가 있었다. 하물며 죽은 이를 보내는 도리에 있어서랴. 오직 관과 곽이 몸을 가까이하는 물건이어서, 효자가 마땅히 정성을 다해야 하는 것이지, 흉사에 미리 대비하는 것이 아니다.

- 관곽의 크기

조선 초기 사대부 집안에서 소나무 관재를 사용한 대표적 사례는 1450년경 제작된 학봉장군의 관곽에서 찾을 수 있다. 학봉장군의 관은 길이 188.5㎝, 너비 39.5㎝, 깊이 38.7㎝, 두께 9.3㎝이며, 곽은 길이 220㎝, 너비 64㎝, 깊이 60㎝, 두께 12.5㎝이다.[25]

청도 수야리에서 발굴된 이징(1580~1642)의 관곽도 그 크기를 확인할 수 있을 만큼 보존 상태가 양호하다. 관곽과 칠성판은 모두 소나무 종류이다. 곽은 천판(天板), 지판(地板), 사방판(四方板)으로 구성되어 있으며, 사방판은 요철 모양으로 결합되어 있다. 지판과 사방판의 좌우 측면은 나비장을 끼워 결구하였다. 사방판은 모두 2닢의 판재를 연결하여 사용하였다. 너비는 80㎝, 길이 216㎝, 높이 78㎝, 두께 8~9㎝이다.

관은 천판, 지판, 사방판으로 각 1닢의 소나무 판재로 제작되었

고, 앞뒤 측판 및 좌우 측판과의 결구는 요철로 되어 있으며, 천판과 사방판의 좌우 측판 및 지판과 사방판의 좌우 측면은 나비장으로 결구되었다. 관의 너비는 50.5~55㎝, 길이 190㎝, 높이 50~51㎝, 두께 5.8~6.5㎝이다. 관 바닥에 숯을 깔고 그 위에 올려놓는 널조각인 칠성판은 7개의 구멍이 있으며, 길이 173㎝, 너비 35~38㎝, 두께 1.8~2㎝이다.

2. 소나무 관재 수급

소나무 관재는 소나무라는 동일한 수종을 사용하지만, 왕족의 재궁용 관재는 황장목, 황장판으로 불렸고, 일반 백성의 관곽용 관재는 관목, 송판, 판재, 판목 등으로 불렸다. 사용자에 따라 부르는 관재의 명칭이 다르듯이 왕족과 일반 백성의 관재 조달 방법도 달랐다.

가. 왕족의 황장판 조달

1) 황장판 조달 부서_장생전

황장 관곽재의 조달 부서는 조선 초기부터 일제강점기까지 장생전(長生殿)이었다.[26] 장생전은 조선 초기에 왕실용(王室用) 또는 대신에게 내린 관곽을 갖추어두던 곳이다. 한일병탄 전후에도 장생전이 운영되었음은 〈서울지도〉(1902)와 〈경성부명세신지도〉(1914), 순종의 장례식을 기록한 『순종국장록』(1926)을 통해서도 확인된다.

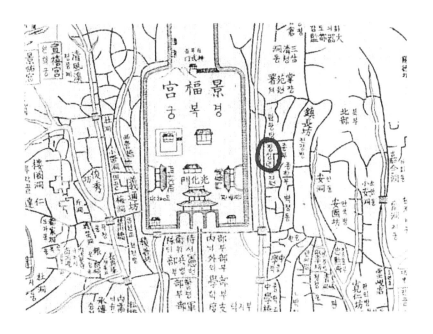

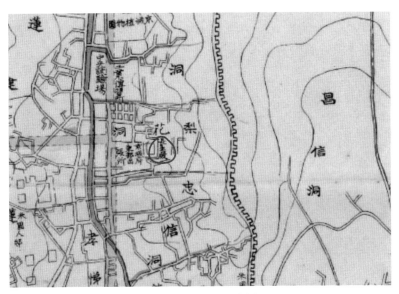

〈서울지도〉(위)와 〈경성부명세신지도〉(아래)에서 확인되는 장생전.

고려시대에는 왕실의 관곽재 조달 부서가 관곽색(棺槨色)이었지만, 1432년(세종 14년)부터 장생전에 두어 국왕과 왕후, 세자와 세자빈의 관곽재를 담당했다. 원래 장생전은 공신들의 도상(圖像)을 봉안하는 부서였다. 하지만 세종 대에 장생전 옛터에 수기(壽器)[27]를 보살피게 함에 따라 이때부터 왕실의 관곽재를 담당한 것으로 추정한다.[28] 신민(臣民)을 위한 관곽재는 귀후서(歸厚署)에서 담당했다.

그렇다면 조선 초기에 재궁용 소나무는 어떻게 조달했을까? 조선 조정은 건국 초기부터 나라 곳곳의 우량한 소나무 숲을 황장금산으로 지정하였고, 숙종 대에는 황장봉산으로 보호하여 재궁용 황장 소나무를 조달했다. 왕족의 재궁용 황장목 조달은 조선 초기부터 장생전에서 담당했고,[29] 조선 전기[30]는 물론이고 말기에도 황장목경차관(敬差官)을 파견하여 재궁용 황장목을 계속 조달하였다.[31]

한편 실록에는 왕족뿐만 아니라 영의정을 비롯한 고위 관료에게도 장생전에서 관재를 하사한 기록이 있다. 왕이 고위 관료에게 관재를 하사한 기록은 17세기 초반 인조 대부터 나타난다. 1634년 인조는 외국 사신을 접대하던 접반사(接伴使)가 외지에서 사망하자 개성부에서 관재를 공급하도록 지시하며,[32] 역시 영의정의 장례에 장생전의 관재를 하사한다.[33] 또 효종은 예조판서와 병조판서에 관재를 하사하고 있다.[34] 옛 신하의 장례에 왕이 관재를 하사한 기록은 영조와 정조와 순조 대에도 계속되었다.[35, 36, 37] 흥미로운 점은 공무로 출장 중인 관료나 귀양살이로 지방에서 사망한 사람에게도 해당 지방관에게 관재를 제공하도록 내린 명령이다.[38] 다만 장생전이나 귀후서처럼 지방의 관아에서도 관곽을 공급했는지는 확인할 수 없다.

『대전통편』(1785)에는 장생전의 업무와 담당자를 다음과 같이 규정하고 있다. "장생전은 동원(東園)의 비기(祕器)를 받들어 보관한다. 도제조(都提調) 1원(員)은 영의정(領議政)이 겸직한다. 제조(提調) 3원은 호(戶)·예(禮)·공(工)의 삼조(三曹) 판서(判書)가 겸직하며, 낭청(郞廳) 3원은 호(戶)·예(禮)·공(工) 삼조 낭관(郞官)이 겸직한다."

장생전과 귀후서로 이원화되어 있던 관재 공급 업무는 17세기 중엽부터 장생전에서 점차 고위 관료와 백성들의 관곽재까지 제공하면서 귀후서는 1777년 혁파되고, 장생전이 그 업무를 전담한다.[39]

2) 황장판 조달 절차

조선은 국가의 통치 이념을 성리학에 기반을 두었기에 상례를 중시했고, 왕을 비롯한 왕족의 장례에 필요한 황장목 관곽재의 안정적 조달과 비축을 중시했다. 따라서 장생전은 국왕이 즉위하면 즉시 관재 10부를 미리 제작하여 보관하였고, 매년 옻칠을 덧칠하여 나무를 단단하게 만들었다.[40] 10부의 관재를 미리 비축해두는 제도는 영조대에까지 지속되었지만, 조선 말기에 이르면 5부로 줄어든다.[41] 비축 물량이 줄어든 이유는 산림자원 고갈로 인해 황장목의 수급이 원활하지 못한 탓도 무시할 수 없다.

장생전은 재궁용 황장판 비축을 위해 정해진 기간(식년)마다 전국의 황장산에 황장목경차관을 파견하였다. 경차관은 중앙 정부의 필요에 따라 특수 임무를 띠고 지방에 파견된 관직으로, 조선 초기부터 다양한 영역에서 경차관을 활용했다. 산림과 관련된 경차관에는 조선 초기에 재목경차관이 있었다.[42] 임산물의 이용을 위한 경차관에는 의례용 임산물 수급과 관련된 황장목경차관 이외에도 율목(栗木)경차관과 상목(桑木)경차관,[43] 벌목경차관도 있었다.[44]

황장목경차관의 파견 방식은 시기에 따라서 달랐다. 『속대전』(1746)에는 황장목 채취 간격을 다음과 같이 규정하고 있다.

"각 도(道)의 황장목을 기르기 위해 출입을 금지한 황장산에 경차관을 파견하여 경상도와 전라도에서는 10년에 1차례씩 베어 오게 하고, 강원도에서는 5년에 1차례씩 베어 오게 하여 재궁을 만들 재목으로 가려 정한다. 수효는 그때마다 헤아려 정한다."

황장목경차관은 『속대전』의 규정처럼 19세기 이전에는 강원도는 5년마다, 경상도와 전라도는 10년마다 순차적으로 지역을 달리하며 파견했다.[45] 그러나 19세기에 이르러 식년마다 지역을 달리하여 파견하던 형태 대신에 3도에 동시에 경차관을 파견하기에 이른다. 순조 초에는 2도에 파견했지만, 차츰 동시에 3도에 파견하는 빈도가 늘어났고, 철종과 고종 대에는 황장(목)경차관을 파견할 때마다 3도에 동시에 파견하기에 이른다(1849, 1857, 1864, 1878, 1884, 1890, 1904).[46]

황장목을 채취하는 시기는 추수가 끝난 10월부터 12월까지였다.

황장목의 수급 절차는 장생전의 요청에 따라 조정에서 황장목경차관(조선 말기에는 황장경차관)을 선정하여 진행하였다. 지방에 파견하는 황장목경차관의 활동은 철종(1849~1850)과 고종(1864~1865) 시대의『장생전황장등록(長生殿黃腸謄錄)』에 자세히 정리되어 있다.[47]

1849년(철종 즉위년)『장생전황장등록』에 수록된 황장목 수급 절차의 주요 내용을 정리하면 다음과 같다. 장생전의 요청→황장경차관 지명→장생전에서 규칙(사목, 事目) 작성→황장목 공문서(관문, 關文)를 해당 고을에 하달→각 고을에서 벌채 대상 후보목(황장목 후보목, 체대목) 조사 및 선정 후 보고→공문서를 지참한 경차관과 지방관이 현장에서 확인한 후 황장목 벌목 지휘→조제된 황장판 물길까지 운반→수운을 이용하여 선박으로 운송하는 단계로 진행되었다.

장생전에서는 황장목 벌채에 따른 각 고을에서 수행할 구체적 지시 사항을 역시 공문서로 작성하여 경차관에게 교부하였다. 1864년 강원도 경차관이 지참한 공문서의 주요 내용은 다음과 같다.

① 내재궁 8부를 들이기 위해 작벌사에게 좌우 백변(白邊)을 모두 베어내어 실어 나르는 데 어려움이 없도록 할 것.

② 내재궁 판재에 바로 들어갈[正入] 길이 7자 6촌 나머지 2자 5촌, 너비 2자 4촌 나머지 4촌, 두께 4촌 나머지 3촌을 한결같이 옛 방식에 따라 벌목하고, 본디 숫자 내 3부는 앞서 정한 크기에

구애받지 말고 별도로 택하여 표준치를 넘어서 벌목해 올 것.

③ 벌목 인부 및 끌어내리는 인부를 강원도에서 예전의 규정에 따라 모두 정해서 보낼 것.

④ 운반하여 수변에 닿은 후에 원근에 관계없이 강원도 감사가 이전처럼 잘 헤아려서 처리하여 배로 실어서 올려 보낼 것.

⑤ 황장목이 절험지에 있어 각 관아에서 벌목하여 실어 오는 고역을 싫어하여 아예 숨기고 지시하지 않으며 목수에게 뇌물을 주어 서로 짜고 숨기고 마침내는 벌목할 수 없고 재목이 될 수 없는 것으로 겨우 채워서 봉진하는 것은 몹시 놀라우며, 황장봉표하는 뜻이 지엄하고 지중하거늘 근래 기강이 풀어져서 수령이 아무렇지도 않은 일로 보거나 감관과 산지기가 꺼려서 두려워하는 일이 없어서 일찍이 착실하게 지키지 않고 머지않아 민둥산이 될 것이라고 사람들이 자자하게 말하니 더욱 한심하고, 경차관이 봉표목에 오르락내리락해서 하나하나 그루 수를 헤아리고, 몰래 벌목하거나 목수가 뇌물을 받고 숨긴 곳이 현장에서 드러나면 모두 보고하고 규정에 의거해 수령은 파직하고 감관 이하는 먼 곳에 정배할 것.

⑥ 이전에 봉표하지 않았다 하더라도 국용에 알맞으면 모두 베어올 것.

⑦ 본도 감사처에 문서를 보낼 때는 관청으로 할 것.

⑧ 하속배가 폐단을 일으켜도 금지하지 않으면 경차관 또한 그 책

임을 모면할 수 없음.

⑨ 각 관이 힘써 뜻을 받들어 행동하지 않으면 수령은 보고하고
감관(監官) 이하는 죄상을 물을 것.

3) 황장판의 크기

황장판의 크기는 『대전통편』 예전 잡령 '각도황장봉산등처(各道黃
腸封山等處)'에 다음과 같이 규정한다.

"내재궁(內梓宮)을 만들 널빤지 재목(材木)을 베어 오되, 정확한 길
이는 7자 1치이고 여유 길이는 2자 5치이며, 정확한 너비는 2자 4
치이고 여유 너비는 4치이며, 정확한 두께는 4치이고 여유 두께는
3치로 한결같이 옛 방식을 따라서 벌목한다. 전라도 3곳의 고을
은 순천(順天)의 거마도(巨磨島), 흥양(興陽)의 절이도(折爾島), 강진
(康津)의 완도(莞島)인데, 이상의 여러 고을에서는 외재궁(外梓宮)을
만들 널빤지 재목을 베어 온다."

따라서 관곽용 판자를 환산하면 길이는 7자 1치 + 2자 5치 = 9자
6치 = 9.6자 × 30㎝ = 288㎝이고, 관곽용 판자의 너비는 2자 4치 +
4치 = 2자 8치 = 2.8자 × 30㎝ = 84㎝이며, 관곽용 판자의 두께는 4
치 + 3치 = 7치 × 3㎝ = 21㎝에 이른다.

이만 한 크기의 황장판을 제작하기 위해서는 먼저 굵은 황장목

을 산에서 벌채하여 판재로 다듬어야 한다. 장생전에서 제시한 황장목 판재의 규격(9.6자×2.8자×7치)을 부피로 계산하면 판재당 부피는 156.8재(0.533㎥)로, 판재 한 장당 무게는 약 250kg(533㎥×비중 0.47)에 달한다.

4) 황장판 조달 지역

조선 후기에 편찬된 『속대전』(1746), 『대전통편』(1785), 『대전회통』(1865)의 예전 잡령 '각도황장봉산등처'에 따르면, 내재궁용 황장목 관곽재는 강원도 22처, 경상도 7처에서 생산되고, 외재궁용 관곽재는 전라도 3섬에서 생산된다고 밝힌다.

> "경상도 7곳의 고을은 안동(安東), 영양(英陽), 예천(醴泉), 영덕(盈德), 문경(聞慶), 봉화(奉化), 영해(寧海)이고, 강원도 22곳의 고을은 울진(蔚珍), 삼척(三陟), 양양(襄陽), 고성(高城), 통천(通川), 회양(淮陽), 금성(金城), 평강(平康), 이천(伊川), 인제(麟蹄), 낭천(狼川), 양구(楊口), 홍천(洪川), 횡성(橫城), 원주(原州), 영월(寧越), 평창(平昌), 강릉(江陵), 정선(旌善), 춘천(春川), 간성(杆城), 평해(平海)인데, 이상의 여러 고을에서는 내재궁(內梓宮)을 만들 널빤지 재목(材木)을 베어 오고, 전라도 3곳의 고을은 순천(順天)의 거마도(巨磨島), 흥양(興陽)의 절이도(折爾島), 강진(康津)의 완도(莞島)인데, 이상의 여러 고을에서는 외재궁(外梓宮)을 만들 널빤지 재목을 베어 온다."

표 3. 『속대전』, 『만기요람』, 『대동지지』에 기록된 황장목 조달 지역

지역	『속대전』	『만기요람』	『대동지지』
강원도	22읍	19읍 43처	20읍 32처
경상도	7읍	6읍 14처	6읍 6처
전라도	3읍	3읍 3처	3읍 3처
총계	32읍	28읍 60처	29읍 41처

하지만 조선 말에는 황장목의 분포 지역이 바뀐다. 『속대전』(1746)에는 32읍, 『만기요람』(1808)[48]에는 28읍 60처의 황장봉산에서 황장목을 수급한다고 밝히지만, 『대동지지』(1864)[49]에는 29읍 41처로 줄어들었다.

황장목 조달처의 변화는 경상도와 강원도에서만 나타났다. 18세기 중엽 영양읍에는 황장봉산이 있었으나 19세기 중엽에는 존재하지 않았으며, 영해읍에는 19세기 초에 황장봉산이 없었으나 19세기 중반에 다시 황장봉산이 지정되었다.

강원도는 황장목 조달처에 좀 더 변화가 많았다. 18세기 중엽에는 모두 32읍에 황장봉산이 있었지만, 19세기 초에는 28읍으로 줄어들고, 19세기 중반에는 29읍에 황장봉산이 존재하는 것으로 나타났다. 18세기 중엽까지 황장봉산이 존재한 간성, 평해, 양구읍에는 19세기 초에는 지정된 황장봉산이 없다가, 19세기 중엽에 다시 황장봉산이 지정된다. 울진, 통천, 고성은 19세기 초까지 황장봉산이 존재했지만, 19세기 중엽에는 황장봉산이 없는 것으로 나타났다. 이런

변화는 황장봉산의 숫자에도 영향을 끼쳐 19세기 초에는 60처였지만, 18세기 중반에는 강원도에서 11처, 경상도에서 8처가 줄어들어 총 41처로 감소한다.

조선 말에 편찬된 『대전회통』(1865)에 명기된 황장봉산의 고을과 1849년 철종과 1864년 고종의 즉위 당시에 황장목을 벌목하고자 경차관이 파견된 고을은 달랐다. 『속대전』(1746)과 『대전통편』(1785)과 『대전회통』에는 강원도에 22처, 경상도에 7처, 전라도에 3처로 기록되어 있지만, 철종과 고종의 즉위 당시 황장목을 채취한 강원도의 고을은 각각 8곳과 14곳이었고, 경상도는 7읍 중 영덕과 문경이 제외된 5읍뿐이었다.[50]

내재궁 판재를 조달한 강원도와 경상도와 달리, 외재궁 판재를 조달한 전라도 3개의 고을은 변화가 없었다. 따라서 황장판을 생산할 수 있는 황장산 지역은 18세기 중엽에 규정된 고을보다 19세기 후반에 이르러 줄어들었음을 확인할 수 있다. 황장목 생산 고을의 숫자가 감소한 이유는 조선 후기에 발생한 산림 황폐화가 주된 원인이라 할 수 있다.

5) 황장목의 선정 기준

황장판 제작에 필요한 황장 소나무는 어떤 기준으로 선정되었을까? 각 고을에서는 황장판을 봉진하기 위해 경차관이 현장에 오기 전에 황장산에서 둘레가 세 아름 이상인 대경목을 선정(봉표)하였으

▲ 몸통 속이 누런 황장 소나무.

◀ 황장목은 보통 둘레가 세 아름이 넘는 대경목이다.

며, 경차관이 직접 현장에서 재확인한 후에 벌목하거나 확장목으로 선정하였다.[51]

세 아름의 크기를 가진 나무는 얼마나 큰 나무일까? 키가 160㎝ 인 성인의 한 아름은 약 140㎝이고, 세 아름은 420㎝에 이른다. 원 둘레=2πr(r은 반지름) 공식을 대입하면, 세 아름의 황장 소나무는 직경 약 134㎝ 내외(반지름 67㎝)의 장대한 소나무이다. 재궁에 사용될 너비 84㎝의 판재를 만들기 위해서는 지상 3m 높이에 줄기 직경이 1m 이상의 굵은 나무가 필요했다.

6) 황장판의 조제 방법

『경상도각읍황장봉표주수성책』(1864)에 따르면 선정(봉표)된 황장목 한 그루에서는 오직 한 닢의 황장판만 제작했음을 알 수 있다. 3m 정도 되는 대경목에서 길이 288㎝, 너비 84㎝, 두께 21㎝의 황장판을 제작한 사례로 짐작하건대, 쐐기로 통나무를 쪼갠 후 자귀와 도끼로 다듬었을 것으로 추정된다.

잉거톱이 아닌 제재용 개량 톱이 있었으면 여러 닢의 황장 판자를 생산할 수 있었겠지만, 톱이 없었기에 제재하기보다는 쪼갠 형태로 생산할 수밖에 없었을 것이다.

7) 황장판의 운송 및 보관

황장판의 운송 방법은 『장생전황장등록』에 수록된 각 지방 황장목경차관의 규칙으로 알 수 있다. 강원도 경차관의 규칙에는 "운반하여 수변에 닿은 후에 원근에 관계없이 강원도 감사가 이전과 같이 배로 실어서 올려 보낼 것"이라고 규정하고 있다. 황장판을 벌목하여 한강 상류의 물가까지 끌어낸 후, 수운을 이용하여 한양으로 운반했음을 알 수 있다.

경상도 경차관의 규칙에는 강원도의 규칙과 달리, "벌목하고 운반하는 일꾼은 본도에서 지난 규정대로 정하여 보낼 것"이라고만 밝히고 있다. 물길 이용에 대한 별도의 언급이 없기 때문에 육로를 이용했을 것으로 추정한다. 외재궁용 판재를 담당한 전라도의 3개 도서(島嶼)는 당연히 해운을 이용하여 배로 운송되었다.

서울로 운송된 재궁용 황장판의 보관처는 달랐다. 강원도와 경상도에서 봉진한 내재궁용 판재는 동정고(東正庫)에, 전라도에서 올라온 외재궁용 판재는 서정고(西正庫)에서 각각 보관했다.

나. 양반과 백성의 소나무 관재 조달

1) 한양 도성 주민의 판재 조달 부서_귀후서

조선 조정은 건국 초기부터 유교식 매장을 장려하고자 관곽 판매소인 귀후서(歸厚署)를 선공감(繕工監) 감독 아래 운영하였다. 귀후서는 예조 소속 종6품 관아로, 양반을 비롯한 일반 백성에게 파는 사용(私用) 관곽뿐만 아니라 나라에서 예를 갖추어 치르는 장례의 공용(公用) 관곽[52]도 공급하였다.

귀후서의 명칭은 시대에 따라 바뀌었다. 고려 말에 관곽색이라 불리다가 관곽소(조선 초)→시혜소(施惠所)→귀후소(歸厚所)로 불리었고, 세조 대에 귀후서로 불리었다. 귀후서는 관재 운송이 편한 용산 강가 언덕(오늘날 도화동)에 있었고, 조선 중기에 설립된 분서는 남부

호현방(好賢坊, 현 소공동 일대)에 있었다.[53] 귀후서는 1777년 폐지되어, 왕족과 공신에게 관곽을 제공하던 장생전이 그 업무를 대신 맡는다.

귀후서는 필요한 관재를 어떻게 조달하였을까? 귀후서는 조선 초기에 운영 재원을 국가에서 지원받거나 공물의 대가나 신당(神堂)의 쌀(퇴미) 등을 활용하여 관재를 구입했다.[54] 사대부를 비롯한 일반 백성에게 팔던 관재는 두께 2~3치의 송판이었기에 귀후서는 잉거군을 두고, 조달한 관목으로 송판을 만들었다.[55] 제재용 톱이 부실한 까닭에 판목(板木)을 다듬어 6~9㎝ 두께의 송판을 켜는 데는 많은 노동력이 필요했고, 그렇기에 관 값은 비쌀 수밖에 없었다.[56]

2) 개인의 관재 조달 방법

한양의 양반들은 자체적으로 관목을 마련하기도 했다. 17세기 초에 울진으로 내려와 20여 년간 고산서원과 몽천재에서 후학을 양성한 만휴 임유후(任有後, 1601~1673)는 1628년(인조 6년) 울진의 문사(文士)들과 수친계(壽親契)를 조직하여 품질 좋은 관목을 구해서 인마(人馬)로 단양까지 운반한 후, 물길로 서울로 운송한 이야기가 전해지고 있다. 그들의 상포계(喪布契) 규약에는 "부모가 상을 당하면 유사(有司)가 친히 가서 살펴보고 품질 좋은 적송 관목을 소광(召光)에서 구입한 후 각기 인마(人馬)를 내어 운반해야 한다"라는 규정이 있다.[57] 임유후의 사례를 참고하면 한양의 양반들은 관목을 귀후서에서 사지 않고 직접 조달하는 방법을 이용했을 것이다.

향촌에서는 관재를 조상의 무덤을 모신 선산에서 구하거나 주변에서 구입했다. 1562년 성주에서 귀양을 살던 묵재 이문건(李文楗, 1495~1567)의 일기에는 장시(場市)에서 목면 2필(匹)을 주고 산 관목(棺木)으로 관을 짠 기록이 있다.[58] 이 일기로 16세기 후반 성주의 장터에서 관목이 거래되었으며, 그 당시 관목의 시세가 목면 2필이었음을 알 수 있다.

정조 때 무신 노상추(1746~1829)는 미리 장만해둔 조부의 관재를 이웃의 장례에 빌려주고, 1755년 조부의 장례에는 빌려준 관재를 현물로 받지 못해서 선산부 주변에서 100냥에 사서 사용하였으며,[59] 자신의 관은 19년 전에 사둔 관재로 미리 준비한다고 1825년 일기에 썼다.[60] 또 그 이듬해 손자가 죽자, 관을 만들 판재를 별업이 있던 백운동(白雲洞, 현 의성군 구천면)의 이봉이(李奉伊)의 집에서 샀다고 밝히고 있다.[61]

3. 조선의 소나무 관재
   수급 정책

가. 조선 왕실의 황장목 확보 시책

1) 실록에 나타난 조정의 황장목 확보 대책

『조선왕조실록』에는 모두 63건의 황장(목)과 관련한 기사가 등장한다. 실록에는 재궁으로 사용할 황장의 규격이나 종류 또는 예장의 의식 기사가 11건 나오는데, 대부분 조선 건국 초기에 등장하고 오직 1건의 기사만 조선 후기에 등장한다.

반면 황장의 확보(조달 방법, 황장목 산지) 방안에 관한 기사는 조선 전기(6건)보다 조선 후기(22건)에 더 많이 나온다. 황장의 무단 벌채와 금벌 행위에 대한 처벌 기사 역시 조선 전기(4건)보다 조선 후기(25건)에 더 빈번하게 등장한다.

예장용 황장의 규격 등에 관한 기사가 조선 전기에 주로 등장하는 이유는 성리학적 규범을 원용하여 왕가의 상례를 정립하던 시기

표 4. 『조선왕조실록』에 등장하는 황장의 시기별 출현 양태

시기	예장, 의식, 규격 등	확보, 조달, 산지 등	금벌, 처벌 등	계
조선 전기	10	6	4	20
조선 후기	1	22	25	48
계	11	28	29	68

(* 출현 횟수는 양태에 따라 중복 산정도 됨)

였기 때문이다. 그러나 황장목의 조달이나 산지 물색 또는 금벌에 대한 처벌 기사가 대부분 조선 후기에 등장하는 이유는 조선 후기로 갈수록 재궁으로 사용할 수 있는 대경목 소나무의 조달이 점차 곤란하여 황장목 비축이 어려워졌기 때문이다.

실록에 수록된 황장의 기사는 고갈을 염려하여 미리 좋은 관곽재를 비축(1440)하고, 평안도와 황해도에 경차관을 파견(1443)하며, 상장의 예법에 대한 논의(1444. 1446. 1462)는 조선 건국 초기에 집중된다. 그러나 조선 후기로 오면 황장목 조달을 위한 산지(22건)나 황장목의 불법 벌채에 대한 처벌 기사(25건)가 압도적으로 많이 등장한다.

2) 황장목 고갈에 대한 조정의 대처

조선 건국 후 100여 년 동안 황장목 조달에 큰 어려움이 없었던 조선 조정은 16세기 중반에 이르러 황장목의 안정적 조달에 어려움을 겪기 시작한다. 정부 각 관사의 신축이나 수리에 필요한 목재는

소나무였고, 각 섬에 남아 있던 황장목을 정부의 여러 관사가 지나치게 많이 사용함에 따라 쓸 만한 재목이 고갈되고 있다는 1538년(중종 33년)의 기사[62]를 통해 황장목 조달에 대한 조선 정부의 초조함을 엿볼 수 있다.

16세기 중반까지만 해도 황장목은 수운(水運)이 편리한 전라도 도서 지방에서 비교적 쉽게 구할 수 있었다. 그런데 17세기 중반에 이르러서는 황장목의 조달처가 내륙으로 옮겨 간다. 강원도 삼척에서 황장목을 벌채(1648)하고,[63] 장생전에 비축해둔 황장목 판재가 좁은 것들뿐이라서 재궁을 붙여서 만드는 상황(1659)이 되다 보니[64] 황장목 고갈에 대한 정부의 걱정(1660)은 "황장목을 몰래 베어 가는 폐단이 근래 더욱 극심하여, 전혀 국용(國用)에 합당한 재목이 없습니다. 이는 모두가 지방관이 삼가 살피고 돌보지 않은 소치이니, 경차관에게 두루 돌아다니면서 자세히 살피도록 신칙하여 범한 것의 경중을 조사해서 입계(入啓)하게 한 다음 논죄하게 하소서"라는 기사 내용처럼 계속된다.[65]

숙종은 이전까지 국용 임산자원을 금산으로 보호해오던 기존 산림 시책을 기능적 특성과 수종에 따라 봉산으로 새롭게 개편하면서, 재궁을 생산하던 황장금산도 황장봉산으로 분류하여 관리한다. 한 가지 흥미로운 사실은 황장봉산의 도입 이후에도 기존에 관리하던 황장금산을 조선 말까지 운용하고 있었다는 점이다. 그 구체적인 내용은 조선시대의 공식 기록에서도 확인된다. 황장봉산은 『승정원일기』에 20건(1701~1865), 법전에 8건(1746~1867) 수록되어 있으며, 황장금산도『비변사등록』(1864)에 수록되어 있다.

17세기 말 숙종 대에 이르러 황장목은 수운이 편리한 호남의 도서 지방이 아닌 강릉과 삼척에서 구하기 시작(1684)하고, 그 외 지역의 황장금산은 모두 민둥산이 되었다(1699)고 밝힌다. 18세기 초에는 삼척에서조차 쉬 구할 수 없어서 조달처를 울진으로까지 옮겨(1722) 황장목을 구한다. 영호남에서 재궁으로 쓸 황장목을 조달한다는 기사(1725)가 없지 아니하나 손쉽게 황장목을 구하던 200여 년 전과는 전혀 다른 상황이 되었다. 당시 강원도에 속해 있던 울진은 1963년 1월 1일에 경상북도로 편입되었다.

1713년(숙종 39년)의 기사는 "안동·봉화·예천 세 고을에는 예로부터 황장산(黃腸山)의 명칭은 있었으나, 애당초 금양(禁養)을 하지 않다가 1689년(숙종 6년)에 이르러 비로소 진상하라는 명령이 있었지만 구할 수 없었다"고 밝힌다. 이 기사는 17세기 후반부터 국용재 소나무의 조달이 순조롭지 않던 상황과 함께 산림 황폐로 황장목 수급이 곤란해졌음을 시사한다. 정부에서는 경상도 안동·봉화·예천 지역에서 황장목 조달을 꾀했지만, 몇 갑자(120년) 전부터 금양하지 않았기에 규격에 합당한 황장목을 조달할 수 없는 사정을 밝히고 있다.

1753년(영조 29년)의 기사는 더욱 구체적으로 황장봉산이 민둥산이 되었다고 다음과 같이 밝힌다.

원주 구룡사 황장금표와 탁본.

한계령 안산 황장금표와 탁본.

영월 사자산 황장금표와 탁본.

울진 소광리 장군터 황장봉표(좌)와 울진 소광리 황장봉표(우).

"조정에서 황장목(黃腸木)을 관동(關東)과 영남(嶺南)에 봉치(封置)한 것은 그 일의 이치와 정황[事體]이 매우 엄중한 것인데 근래 혹 봉표(封標) 밖이라고 일컫기도 하고, 혹 사사로이 기른 것이라고 일컫기도 하면서 공문(公文)을 내기를 도모하여 마구 베어내므로 곳곳의 봉산(封山)이 모두 민둥산이 되어버렸습니다. 청컨대 삼척·강릉·양양·고성·인제 등 다섯 고을은 봉표 밖이나 사사로이 기른 것을 막론하고 비록 경사(京司)의 공문이 있다고 하더라도 일절 시행하지 말게 하소서" 하니, 그대로 따랐다.

황장목 확보를 위해 강원도 오지의 봉산은 물론이고 봉표 밖 개인이 금양한 사양산(私養山)의 소나무까지도 벌채를 금지할 지경에 이른다.

18세기 중반 이후에는 황장목 벌채에 관한 기사가 강원도의 삼척·강릉·양양·고성·인제(1753), 철원 인근의 회양부(淮陽府)와 양양

(1790)에 집중되었고, 가끔 영호남에서 황장판이 조달(1792)되기도 했지만 드문 경우였다. 황장목의 비축 책임이 있는 장생전은 고갈 상태에 이른 황장목을 조달하고자 정부에 지속해서 황장목 비축을 요청하였고, 그러한 상태는 20세기 초(1906)까지 계속되었다.

조선 말 황장목의 조달 상태는 어떠했을까? 1906년(고종 43년)의 기사는 그 내용을 다음과 같이 전한다.

> "장생전 제조(提調) 이도재(李道宰)가 아뢰기를, '본전(本殿)에 저축한 황장 판재의 수량이 이미 넉넉하지 않습니다. 식년(式年)을 당했으니 제때 베어 오지 않을 수 없습니다. 그래서 입동(立冬) 전에 각각 해도(該道)의 봉산(封山)에 경차관(敬差官)을 파견하여 베어 오게 하는 것이 어떻겠습니까?' 하니, 윤허하였다."

비축한 황장목 판재의 수량이 넉넉하지 않다는 보고는 조선 말에도 황장목 조달이 순조롭지 않았음을 의미하지만, 오지의 황장봉산에 남아 있던 황장목을 물색하는 일은 가능했음을 알 수 있다.

정리하면 황장목의 조달 지역은 조선 초기에는 한양과 가까운 황해도, 평안도, 충청도, 전라도였지만, 조선 후기에 이르러 영남 북부와 호남의 도서 지방에 이어 강원도 관동지방에까지 확대되었다. 조선 후기에 이르러 황장목 확보와 조달 관련 기사가 실록에 훨씬 더 빈번하게 등장하는 이유는 임진왜란과 병자호란 이후 나라 전역의 산림 황폐로 대경목 황장 소나무가 차츰 고갈된 영향도 무시할 수 없다.

3) 19세기 황장판의 수급과 황장목 관리 상황

철종과 고종의 즉위시 작성된 『황장목경차관등록』은 19세기 당시 각 도별 황장판의 수급 실태를 기록하고 있다. 강원도, 경상도, 전라도에 배정된 황장판은 15년(1849~1864)의 시차에도 큰 변화 없다. 강원도만 특별 규격과 보통 규격을 합쳐 38닢에서 41닢으로 늘어났을 뿐 경상도와 전라도는 25닢과 120닢으로 변화가 없다(〈표 5〉참고).

산림 황폐와 소나무 자원 고갈이 심화한 19세기에도 황장판의 수급이 비교적 일정하게 이루어진 이유는 무엇일까? 강력한 왕권으로 각 고을 책임자에게 선정된 황장목의 관리를 맡기는 한편, 벌목한 황장목 숫자를 보충하기 위해서 더욱 깊고 험준한 산에서 황장목을

표 5. 1849년과 1964년에 봉진한 각 도별 황장판 숫자(단위: 닢)

지역	경차관 파견 연도	
	1849년	1864년
강원도	특별 규격 15 보통 규격 23	특별 규격 15 보통 규격 26
경상도	25	25
전라도	120	120

계속 선정하여 새로 보충했기 때문이다.

『전록통고(典錄通考)』(1689) 형전 금제(禁制) 조는 이러한 추론을 뒷받침한다. "황장목이 있는 장소가 험준하여 장생전에 제대로 가르쳐주지 않거나 목수가 뇌물을 받고서 속이거나 숨긴 일이 탄로 난 경우에는 수령은 파직하고, 감관(監官) 이하는 변원(邊遠)에 정배한다"라는 규정은 험준한 곳에 자라는 체대목(遞代木)을 찾는 일이 계속되었으며, 그 일을 게을리하는 지방관은 처벌한다는 내용이다.

1864년 장생전에서 경차관을 위해 준비한 규칙에서도 유사한 내용을 찾을 수 있다. "황장목이 절험지에 있어 각 관이 벌목하여 실어오는 고역을 싫어하여 아예 숨기고 지시하지 않으면 수령은 파직하고 감관 이하는 원지 정배할 것"이라고 밝히고 있다. 결국 장생전은 적정 규모의 황장목 그루 수를 유지하기 위해서 점점 더 오지의 체대목을 찾아서 황장목으로 보충하였음을 알 수 있다.

황장목으로 선정(봉표)된 소나무는 어떻게 관리하였을까? 그 구체적 사례는 『경상도각읍황장봉표주수성책』(1864)으로 확인할 수 있다(〈표 6〉 참고). 고종 즉위시에 경상도 각 군현에서 보호 관리하던 황장목의 숫자는 9그루에서 315그루로, 군현 간에는 차이가 컸다. 그 당시 작성된 봉표주수성책에는 경상도 6개 군현에서 선정된 537그루의 황장목 가운데 안동(315그루, 59%)과 봉화(166그루, 31%)에서 경상도 전체 황장목의 90%를 보유하고 있었지만, 영해와 영덕, 영양은 9~10그루만 보유하고 있었다. 따라서 1864년 황장판을 상납하기

표 6. 『경상도각읍황장봉표주수성책』(1864)의 황장목 봉표 현황

군현	황장판 정판 분정 수(닢)	이전에 봉표한 그루 수	벌목한 그루 수	새로 봉표한 그루 수	도합 그루 수
안동	12	315	12	12	315
영해	1	10		1	11
예천	6	27	6	6	27
영덕		10		1	11
봉화	5	166	5		161
영양	1	9	1	4	12
	내판 25	537	24	24	537

위해 영해와 영덕은 한 그루도 벌목하지 못하고, 영양은 한 그루만 겨우 벌목하였음을 알 수 있다.

『경상도각읍황장봉표주수성책』으로 확인할 수 있는 또 다른 사실은 앞서 언급한 바와 같이 대부분 군현에서 벌목한 24그루만큼 새로 24그루를 선정(봉표)하여 보충함으로써 황장목의 전체 숫자를 일정하게 유지하고 있었다는 점이다.

4) 황장목 불법 벌채에 대한 조정의 대처

조정에서는 조선 초기부터 황장목의 불법 벌채에 대한 금령을 철저히 집행했다. 중종 36년(1541) 강원도의 황장목 남벌자를 처벌하고자 서울의 옥에까지 잡아 오는 일을 금하는 기록을 보면, 조선 초기의 불법 황장목 벌채자에 대한 금령이 상당히 철저했음을 알 수

있다. 그러나 황장목 불법 벌채를 강력히 체벌함에도 관리들의 비리는 계속되었다. 전라도 황장목경차관의 죄를 추궁한 1545년(명종 원년)의 기사를 시작으로, 황장목 불법 벌채나 황장목 수급 관리에 부정행위를 저지른 관리들에 대한 처벌 기사가 계속 이어졌다.

관리들의 황장목 불법 벌채가 근절되지 않자 17세기 후반에 이르러 조정에서는 범칙자에게 더욱더 엄격한 금령을 적용하길 원하지만, 적절한 범칙 규정이 없어서 강력한 처벌을 내릴 수가 없었다. 1660년(현종 원년)에 원주 목사가 판상(板商)과 결탁하여 불법적으로 황장목 벌채를 허가한 죄목을 다스리고자 관련 금령을 찾아보았지만, 별도의 처벌 규정이 없자 원(園)이나 능(陵)의 수목을 도벌할 경우와 같이 곤장 100대에 귀양 3년형을 내렸다.

또한 안동 부사의 황장목 불법 벌채 허가(1669), 강릉 부사의 불법 황장목 벌채(1703), 울진 현감의 황장목 부정에 따른 관작 말소(1722), 삼척으로 파견된 황장목경차관의 부정(1731), 강원도 감사의 황장목 부정(1744), 회양 부사와 양양 부사의 불법 벌채(1790)에 대한 기록으로 미루어 볼 때 황장목 수급에 대한 관리들의 부정부패는 고질적이었다. 황장목은 왕실의 관곽재로 사용되었을 뿐만 아니라 조선재, 건축재로도 사용됨에 따라 불법 벌채가 끊이지 않았다.

황장봉산의 송금 행정에 대한 범칙은 1689년(숙종 15년)의 『전록통고』 형전 금제(禁制) 조에 자세히 나와 있다. 황장목이 있는 고을에서 "사적(私的)으로 베어낸 곳이나 각 고을에서 황장목이 있는 장소가 험준함을 싫어하여 가르쳐주지 않거나 목수가 뇌물을 받고서 속이거나 숨긴 일이 탄로 난 경우에는 수령은 파직하고, 감관(監官) 이하는 변원(邊遠)에 정배한다"고 규정하고 있다.

황장봉산의 금송 작벌 처벌 규정은 1743년(영조 19년)에 편찬된 『신보수교집록(新補受教輯錄)』형전 금제 조에 "황장봉산의 소나무를 1주 작벌한 자는 장 1백 대에 귀양 3년형을 처하며, 봉산 외 그 밖의 산의 소나무도 함께 금단한다(黃場封山松木一株斫伐者, 論以重律. 依受教. 杖一百徒三年. 封山外諸山, 一倂禁斷)"고 명시되어 있다.

황장봉산의 송금 행정에 대한 범칙이 숙종 대보다 영조 대에 더 강화되었지만, 범법 행위는 줄어들지 않았다. 그 근본적인 이유는 인구 증가와 수공업 발달에 따라 늘어난 소나무 자원의 수요를 충족시킬 수 있는 올바른 소나무 양묘와 육성 기술이 없었기 때문이다.

나. 양반과 백성의 관재 수급 대책

조선 전기에 귀후서에서 필요한 판목 공납은 한강변의 여러 고을에 나누어 배정하고, 준비된 판목은 뗏목으로 용산으로 흘려보내서 사용하였다. 하지만 계속된 판목 공납으로 강변 고을의 주변 산림은 이미 연산군 때 고갈되어 판목 공납이 점차 어려워진다. 15세기 말 강변 고을에선 공납의 역을 채우기 위해 먼 지방까지 가서 벌채한 나무를 끌어와야 했기에 유민이 생겨날 만큼 강변 고을은 판목 공납

으로 점점 피폐해졌다.[66]

16세기 초에는 더 이상 강변 고을에서 판목을 구할 수 없게 되자 해당 고을에서는 공납 물량을 경강(京江)에서 사서 바쳐야 했는데, 관에서 책정한 금액보다 10배나 비싸서 백성의 피해가 막심하였다. 그 때문에 귀후서의 노비를 관재가 있는 현장에 보내 구입하여 사용하게 하자는 대안도 나왔다.[67]

임진왜란과 병자호란을 겪은 후, 조선의 재정은 고갈되고 산림도 헐벗게 됨에 따라 관재 가격이 급등한다. 대동법이 정착된 17세기부터 귀후서는 현물 공납 대신에 시전이나 귀후서 공인에게서 관재를 구입하여 조달하였다. 하지만 조정은 재정난으로 귀후서 공인에게 관재 값을 시장 가격으로 정산하지 못했다. 납품 가격과 시장 가격 간의 차이로 인해 공인들의 불만이 쌓이고, 1677년 귀후서는 조정에서 책정한 싼 관재 가격보다 2~3배 더 비싼 실제 가격으로 변통해달라고 호소하게 된다.[68] 해결책으로 선혜청에선 관 1부(部)마다 쌀 15섬으로 관 값을 더 높게 현실화하여 책정하도록 제안한다.[69]

1681년에도 낮은 관가(棺價)에 대한 논의는 계속된다. 귀후서는 1부 관가로 책정된 쌀 15섬으로는 왕이 하사하는 상품(上品) 송판을 살 수 없다고 하소연한다.[70] 공인의 송판 납품 가격이 시장 가격보다 계속 낮게 책정됨에 따라 1739년 귀후서는 관재 조달이 전보다 10배나 더 어렵다고 토로한다.[71]

귀후서 송판 공인이 갖고 있던 공납제도의 부조리와 폐해 사례는 영조 때 공인들의 상소를 취합한 『공폐(貢弊)』(1753)에 기록되어 있다. 『공폐』에는 죽은 성균관 유생이 사용한 관의 시장 가격은 50냥이지만, 조정에서는 예전 가격인 15냥으로 정산한다는 상소가 수록되어 있다.[72] 영조는 이런 공납의 폐해를 시정하고자 노력하지만 구조적인 패습을 끊을 수 없었고, 각 부서에 소속된 공인은 더 이상 손해를 감수하며 목재를 납품하지 못했다. 결국 귀후서 공인은 1784년 목재 상인, 외도고 공인으로 대체된다. 공납제도가 폐지된 18세기 후반부터는 목재 상인(외도고)이 관재를 공급했다.

1) 관재 수급에 따른 부정부패

임진왜란과 병자호란을 겪은 조선은 궁핍한 국가 재정과 해이한 행정력으로 곳곳에서 부정부패가 만연했다. 그와 동시에 점차 심화한 산림 황폐는 관재 가격을 상승시켜 지방 곳곳에서 불법적인 소나무 벌목을 일으킨다. 실록은 경기, 강원, 경상도에서 발생한 불법적 소나무 벌목과 송판 거래를 기록하고 있다.

효종은 1654년 군관과 향리를 보내어 배를 가지고 황해도와 경기도 연변에서 소나무 관재를 베어낸 경기 수사를 파직한다.[73] 1667년 현종은 강원도 관찰사에게 화전으로 관재가 점점 귀해지니, 산골짜기의 화전을 철저히 단속하라고 당부한다.[74] 1668년 사헌부에서는 한양의 판상과 모의하여 불법 허가 문서로 황장목을 벌채하여 만든 관재 80여 부(部)를 말을 이용하여 죽령(竹嶺) 너머로 운송하여 이익을 나눈 안동 부사를 적발한다. 원주 목사 역시 목상을 시켜 황장목을 불법으로 벤 일로 하옥된다.[75] 1673년 원양 감사도 관재목을 불법적으로 벌채한 사람을 처벌하도록 요청한다.[76] 모두 산림 황폐로 관재 값이 급등하자 벌어진 일들이다.

숙종은 1685년 조선재를 빙자하여 관재를 도벌하여 관아에 보관해둔 신지도 만호(萬戶)를 처벌한다.[77] 1693년 좌의정 목래선은 공용을 빙자하거나 권세가의 벌채허가서로 삼남과 해서(오늘날 황해도)의 벌채 금지 구역에서 소나무 관재 벌채를 묵인한 수령을 처벌하도록 요청하고 있다.[78] 숙종은 전라도에서 수사와 수령이 사냥할 때 발생한 세 번의 황장목 화재처럼 각 도의 수사와 수령, 변장들이 판재와 가재(家材)를 임의로 벌채하여 수륙(水陸)으로 운반하여 사적으로 쓰는 한편, 남의 청탁을 받고 벌채허가서를 만들어주어 장사꾼의 이익을 돕고 있다는 보고를 받는다.[79]

관재에 얽힌 부정부패를 막고자 숙종은 1707년 경강에 정박한 수장판(修粧板) 이외의 관재는 호조에서 절대 세금을 부과하지 말고 전부 귀후서에 돌려주라고 결정한다.[80] 하지만 귀후서는 "이른바 수장판과 관판(棺板)은 비록 명목은 다르나 장광(長廣)과 대소를 본래 구별한 일이 없고, 사대부가에서 쓰는 것은 넓고 두꺼워 품질이 좋고 상인(常人)이 쓰는 것은 매우 엷고 품질이 못하지만 모두를 판자로 부르고 있으므로 수장판과 관판은 실로 구별하기 어렵다. 그런데 조례를 정한 뒤에는 수장판을 관판이라고 칭하고 섞어서 내려보낸다 해도 가려서 세를 받는 데에 증빙할 도리가 없다. 지금 만일 나누어서 두 가지로 만들어 전에 없던 새 규정을 만들어낸다면 본조의 형편은 앞으로 어려울 것이다"라고 주장한다.

2) 소나무 관재 조달을 위한 법령 제정

왕족을 위한 장생전의 황장목 관재 공급 대상은 소수였지만 조달 시책은 조선 초기부터 법제가 정비되어 철저히 시행되었다. 반면 사대부를 비롯한 양반과 서인을 위한 관재 공급의 대상은 다수였으나 조달 제도는 옳게 정립되지 못했다. 그래서 조선 조정은 18세기 전반까지 판상이나 개별 목상이 불법 벌채허가서로 곳곳에서 생산하던 불법 판재의 유통을 막고자 했다. 특히 판상은 궁가와 아문과 같은 권세가를 등에 업거나 지방관과 결탁하여 물금첩문(勿禁帖文)[81]을 발급받아 곳곳에서 불법을 자행하는 한편 마땅히 납부해야 할 세금도 내지 않고 목재를 유통하고 있었다.

판상에 대한 지방 관아의 불법적 수세와 궁가와 아문의 부정행위가 심화하여 관재 조달과 세금 징수에 어려움을 겪게 되자 영조는 『속대전』(1746)[82]에 판재 조달 규정을 구체적으로 수록한다. 그 내용은 다음과 같다.

- 판상은 반드시 호조와 귀후서의 첩문(帖文)을 받아야 한다. 국가나 개인이 쓸 관재가 경강(京江)에 도착하면 귀후서에서 10분의 1

을 세로 거둔다. 관재로 적합하지 않은 수장판(修粧板)과 송판(松板)은 호조에서 10분의 1을 세로 거둔다. 귀후서는 국용의 관판(棺板)을 전부 관장한다. 판상에 대해서는 여러 궁가(宮家)의 소속이든 각 아문의 소속이든 막론하고 반드시 호조와 귀후서의 첩문을 받은 뒤에야 해당 고을에 들어가는 것을 허락한다. 개인 판상으로서 공문이 없는 경우 모조리 속공한다.

- 귀후서에서 관장하는 은사관판(恩賜棺板)은 매년 1차에 2백 닙(立)을 한도로 정하고 비국(備局)에서 관문을 보내어 유하(流下)를 허락하되, 해당 지방관 이외의 연강(沿江)의 여러 고을에서는 세를 거둘 수 없다. 이를 어기는 자는 입계(入啓)하여 논죄한다.

정약용은 『목민심서』 공전(工典)에 이 상황을 "무릇 두 강(북한강과 남한강) 연변의 여러 고을 수령의 술값은 모두 속공된 송판에서 나온다. 그러나 아전과 군교가 열이라 하면 그중 관에 고발하는 것은 하나뿐이고 뇌물을 받고 놓아주는 것이 아홉이다. 수령이 열이라고 하면 그중 속공을 시키는 자는 하나뿐이고 부탁을 받고 놓아주는 자가 아홉이다. 필경 국가의 목재는 날로 손실되고 국용(國用)에는 아무런 도움이 없게 된다"라고 서술하고 있다.[83]

『속대전』이 편찬된 18세기 중엽, 관을 제작하는 하급품 송판 1닙의 가격은 10여 냥에 달했고, 중급품인 넓은 송판은 20냥, 변재가 없는 최상품 무백변판은 30~40냥이었다. 즉 5닙의 송판이 필요한 하급품 관가는 50냥, 상급품 관가는 200냥에 달했다.[84] 따라서 뗏목으로 운반하던 비싼 관재는 한강 연변 고을 관리들이 쉽게 착취할 수 있는 대상이었다.

『속대전』의 관재 수급 규정은 40여 년 후 『대전통편』(1785)에 그대로 수록되며, 혁파된 귀후서 업무를 선공감에서 겸한다고 함께 명시하고 있다.[85] 『대전통편』의 규정은 조선시대의 마지막 법전인 『대전회통』(1865)에도 그대로 수록된다.

4. 시대별 관재 가격과
상대적 가치

가. 시대별 관재 가격

조선시대 관 값은 얼마나 했을까? 성종 24년(1493)의 실록[86]과 연산군 8년(1502)의 일기[87]에는 관가가 면포 5필과 4필로 각각 기록되어 있다. 면포 1필이 쌀 4말이나 4냥으로 환산된 사례를 참고하면, 1500년 전후 한양 도성의 관가는 대략 16~20냥[88]이었다.

한편 1562년 성주에 귀양살이하던 이문건은 관목을 면포 2필에 구입한 사례가 있다. 그가 산 관목이 관을 짤 수 있는 송판인지, 아니면 단순히 관목이었는지는 확인할 수 없다. 하지만 이문건의 일기는 그 당시 지방 장시에서 관목을 구하고, 그 가격을 확인할 수 있다는 점에서 의미가 있다. 1840년경에 펴낸 서유구의 『임원경제지』는 성주의 장시에서 송판이 여전히 거래되고 있음을 밝히고 있다.

관 값은 조선 후기에 발생한 소나무 자원의 고갈로 급등한다.

1500년 전후에 20냥 내외로 거래되던 관 값은 1677년과 1681년에는 은자 30냥(60냥)이나 쌀 15석(60냥)으로 3배나 오른다.[89, 90] 1753년에 펴낸 『공폐』에 의하면 성균관 유생의 관가는 50~60냥이지만 중급품이나 상급품의 관가는 100~200냥에 달했다.[91]

『탁지지(度支志)』(1788)[92]에 따르면 정1품은 관곽의 값으로 관(棺)과 곽(槨)이 각각 목면 15필, 정2품은 관의 값으로 목면 15필로 기재되어 있다. 정조 시대에 정1, 2품에 공용으로 책정했던 관 값은 60~75 냥으로, 공용으로 하사하던 상등품 관가 200냥에는 미치지 못함을 확인할 수 있다.

18세기 귀후서의 관가와 달리 지방의 관가는 어땠을까? 노상추의 일기에는 1755년 조부 노계정이 별세했을 때, 관재를 100냥에 샀다고 기록하였다.[93] 관가에 있어서 한양과 지방 사이에는 큰 차이가 없었음을 알 수 있다.

나. 18세기 관재의 상대적 가치

조선시대 관 값의 상대적 가치는 얼마나 될까? 2023년 서울역사박물관에서 발간한 『조선 후기 한성부의 토지·가옥 매매문서』를 보면 관 값의 상대적 가치를 헤아려 볼 수 있다.[94] 1732년 한성부 중부 견평방 회화정동(현 종로구 공평동 일원)에서 흥정방 36칸과 공대(집터) 11칸을 은자 160냥(320냥)을 주고 거래했다고 기록되어 있다. 건평 72평(36칸×2평)과 대지 22평의 가옥 가격이 320냥인 것이다. 또한 1753년에는 왕십리 앞 천변 밭 4두락과 주변 논 7속을 50냥을 주고 거래하고 있다. 밭 1두락[95]을 150평으로 산정하면 4두락은 600평(2,000㎡)이다. 논 7속을 무시해도 결코 좁은 면적이 아니다. 그 논밭을 당시 하품 관 값과 같은 50냥에 거래한 것이다. 비슷한 시기 경상도 봉화의 진주 강씨 고문서[96]에 의하면, 1759년 3두락 논을 27냥에 방매하고 있다. 정리하면 죽은 성균관 유생의 관 값에 해당하는 50냥이나, 노상추의 조부 노계정의 관 값인 100냥은 당시 한양의 집값과 지방의 논값에 비하면 결코 적은 액수가 아님을 알 수 있다.

17세기와 18세기 한양의 일용노동자의 노임은 일당 2.5전(한 달 8냥)이었고,[97] 1793년 현륭원 식목사업에 동원한 인부들에게도 일당 2.5전의 노임을 주고 있다.[98] 18세기에 일용노동자가 하품 관(50냥 내외)을 사기 위해서는 7개월 동안 한 푼도 쓰지 않고 모아야 했을 만큼 관 값은 비쌌다. 왜 이렇게 소나무 관은 비쌌을까? 산림 황폐화로 소나무 자원이 고갈된 영향이 크지만 부실한 잉거톱의 영향도 없지 않았다.[99]

조선시대 관 값은 오늘날 관 값과 비교해서 얼마나 비쌀까? 18세기 전반 쌀 80kg의 시세는 은화 1~2냥(동전 2~4냥)이고, 오늘날 산지에서 쌀 80kg의 가격은 20만 원 정도이니, 1냥의 가치는 오늘날 5만 원의 가치와 비슷하다 할 것이다.[100, 101] 따라서 18세기의 50냥은 오늘날 250만 원에 상당하다.

오늘날 매장용 오동나무 관의 가격이 100만 원 내외, 향나무 관이 200만 원 내외, 화장용 오동나무 관이 30만 원 내외[102]임을 고려하면, 18세기 조선시대의 관가는 가구당 소득에 비하면 엄청나게 고가였음을 알 수 있다. 상황이 이러한데 한양 도성에 사는 일반 백성(서민)이나 향촌의 농민이 육친의 장례에 소나무 관을 과연 쓸 수 있었을까?

5. 소나무 관재가
조선 후기 산림 황폐에 끼친 영향

조선 전기에는 나라 전역에 유교식 매장 풍습이 정착되지 않았고 산림도 무성하였기에 관재 수급에 별 지장이 없었다. 하지만 유교식 장례의식이 정착되어 소나무 관이 장례 규범으로 자리 잡은 조선 후기가 되면 수급 상황이 달라진다. 조선 후기의 인구는 조선 초기에 비해 3배가 늘어나고, 임진왜란과 병자호란의 후유증으로 산림 황폐가 나라 전역으로 확산됨에 따라 솔숲이 고갈되면서 관재 수급에도 영향을 미친다.

17~18세기 조선의 인구를 평균 1,670만 명 내외[103]로 산정하고 당시 평균수명을 40년으로 가정하면,[104] 매년 나라 전역의 사망자는 40만여 명으로 추정할 수 있다.[105] 조선 후기 양반 인구의 구성비는 17세기 후반 7%, 18세기 전반 13~19%, 18세기 후반 23~32%, 19세기 29~67% 정도로 추정하고 있다.[106] 17~18세기 양반의 비율을 편의상 20%로 거칠게 가정하면, 『주자가례』를 준수한 양반 사망자는 매년

8만 명으로 추정할 수 있다. 8만 명의 후손들이 장례에 소나무로 만든 관과 곽을 사용했다면 매년 필요한 관재는 얼마나 되었을까?

관재로 사용하는 송판(길이 6자, 폭 2자, 두께 2.5치) 1닢당 부피는 25재(0.081㎥)이고, 관 1부를 제작하는 데 송판 5닢이 필요하므로, 관 1부를 제작하는 데는 소나무 0.405㎥가 필요하다. 대전에서 발굴된 학봉장군의 곽을 참고하면, 곽재 1닢의 부피는 50재(0.162㎥)이고 5닢이 필요하니, 곽 1부당 소나무 0.81㎥가 필요하다. 곽이 관보다 2배나 더 많은 목재가 필요한 셈이다.

편의상 관과 곽을 구별하지 않고 관으로 사용된 소나무 재적 0.405㎥만을 적용해보자. 매년 사망자 40만 명 중 양반 8만 명만이 관곽을 사용하였다면 필요한 소나무 관곽재는 64,800㎥이고, 이만한 양의 소나무 관곽재를 조달하기 위해서는 수령 60~80년생 소나무(높이 15m, 가슴높이 직경 40㎝, 재적 1.3㎥) 5만여 그루(64,800㎥÷1.3=49,846그루)가 필요한 셈이다. 한 해 동안 관곽재로 사용한 소나무의 총 재적은 비슷한 시기 한 해 동안 바다와 강에 띄울 배를 제작하는 데 사용한 조선재의 절반에 해당하는 양이다.[107]

비싼 관재 값으로 인해서 8만 명에 달하는 양반들은 모두 관을 쓸 수 없고, 대신에 경제적 여유가 있는 사대부나 재지사족 1만 명만 소나무 관과 곽을 사용하였다고 축소하여 상정하면 매년 6,230그루(0.405㎥×1만 명×2(관과 곽)÷1.3㎥)의 소나무가 필요했을 것이다.

18세기 한양의 인구를 20만 명이라고 상정하면, 매년 사망자는

5,000명에 달하고 그중 20%인 1,000명만 소나무 관을 사용한다고 했을 때 810㎥의 판재가 필요하다. 이를 수령 60~80년생 소나무로 환산하면 대략 620여 그루에 달한다.

소나무 관재를 사용할 수 있는 한양의 양반과 향촌의 재지사족 숫자를 고려할 때, 지금까지는 소나무 자원의 고갈 원인으로 조선재나 건축재, 온돌 난방용 땔감, 소금과 도자기와 제철업에 필요한 연료재의 소비로만 한정하였지만, 앞으로는 소나무 관재의 소비량도 함께 고찰되어야 할 것이다.

6. 맺음말

조선왕조는 성리학에 바탕을 두고 국가를 통치하였다. 유교의 주자 의례는 왕족은 물론이고 일반 백성의 생활에 뿌리내렸다. 조선 왕실은 유교적 상장례의 일환으로 매장식 장례 방식을 준수했고, 백성들에게도 매장식 장례 방법을 보급하였다. 유교식 상장례를 조기에 정착시키는 데는 매장에 필요한 관재의 수급이 중요했기에 조선 조정은 기후서를 운영하여 관재를 팔거나 공급했다.

왕족의 장례에 필요한 황장목 수급은 조선 전기부터 강력한 보호 정책과 적절한 조달 대책으로 조선 말까지 큰 어려움 없이 이루어졌다. 전국에 걸쳐 황장목 생육지를 황장금산이나 황장봉산으로 지정하여 재궁용 소나무를 확보한 것이 대표적 보호 정책이다. 그리고 장생전에서 황장목경차관을 식년 단위로 지역을 달리하여 강원도와 경상도와 전라도에 파견하여 적절한 본수를 유지하며 황장판을 벌채 수급한 것이 대표적 조달 대책이라 할 수 있다.

하지만 조선 조정은 일반 백성의 장례에 필요한 소나무 판재의 수급에는 별다른 대책을 내놓지 못했다. 한양 도성 주민에게 공급되던 한강 주변 고을에서 생산된 판재는 16세기에 이미 고갈되어 조달에 문제가 발생한다. 인구 증가에 따라 관재 수요가 증가했지만, 기존의 소나무 자원만으로는 수요를 충족할 수 없었다. 약탈식 벌목만 존재했을 뿐 재생적 산림 이용이 없었기에 한강 주변 고을의 소나무 관재 자원이 시간이 지남에 따라 고갈되었다.

소나무 자원의 고갈로 인해 일반 백성의 관재 수급은 조선 중기에 이미 문제가 노정되어 가격 급등으로 이어진다. 특히 일반 백성이 사용하는 관재는 인구 증가에 따라 매년 수요량이 증대하였지만, 그에 상응하는 공급량은 산림 황폐로 부족하였다. 그에 따라 소나무 관재 수급에 부정부패가 만연하였고, 공납이나 공인에 의해 조달되던 수급 체계는 붕괴되었으며, 종국에는 목재 상인에게 의존하게 되었다. 설상가상으로 소나무 판재 조제에 필요한 켜기용 톱(잉거톱)의 개량이 뒷받침되지 못했고, 소나무 양묘와 조성 방법이 제대로 개발되지 못한 탓에 조선 말까지 소나무 판재의 수급 부족은 지속되었다.

그럼에도 조선 왕실이 재궁용 판재를 황장 소나무로 고착한 근본이유는 무엇일까? 판재를 켜는 톱의 발달이 미진하고 톱의 보급이 여의치 못한 상황에서, 쐐기로 쪼개 판재로 제작하기가 상대적으로 쉬운 소나무의 재질 특성과 관재로 사용할 적당한 대체 수종이 없었던 상황도 무시할 수 없을 것이다.

황장목이 왕실의 재궁과 대신의 관재로 사용됨에 따라 일반 백성의 장례에도 송판으로 만든 관이 상례의 규범이 되었다. 그 결과 사대부는 물론이고 일반 백성의 장례에도 소나무 관이 일상화되었다. 소나무 관재 수요가 늘어남에 따라 임진왜란과 병자호란 이후에 발생한 산림 황폐화의 부작용은 관재 값의 급등으로 나타났다. 조선 왕실에서 500년 동안 애용한 황장 소나무 판재로 만든 재궁이 조선 사회의 산림 이용에 끼친 부정적 영향은 앞으로 더 폭넓게 고찰되어야 할 과제이다.

2장

근대 톱이
목재 이용에 끼친 영향

톱은 목재 이용에 중요한 도구이지만, 우리나라에서 발굴된 옛 톱은 많지 않다. 대표적으로 수원 서둔동 주거지(청동기~초기 철기시대, B.C. 1000~100년), 나주 반남 고분군(4세기 후반~5세기 초반)의 신촌리 9호분, 대구 비산동 고분(5~6세기), 신라 왕경 유적 등에서 출토되었다. 이들 중에 신촌리 9호분의 톱은 길이 28.5cm, 폭 3cm의 약간 구부러진 형태의 양날톱으로, 출토된 톱 가운데 가장 완벽한 형태를 유지하고 있다. 이들 톱은 목재를 자르는 톱이고, 켜는 톱의 발굴 사례는 보고된 바 없다.

한반도에 나무를 켜는 톱(잉거톱)이 처음 도입된 시기는 12~13세기경[108]으로 추정하며, 16세기 강화 정수사 법당의 목부재에 잉거톱(인거, 引鋸) 사용 흔적이 남아 있다.[109] 하지만 출토된 제재용 톱이 없고 톱의 제작에 관한 기록도 드물기에 국내의 제재용 톱 발달 과정을 구체적으로 파악하는 데는 한계가 있다.[110] 그러나 분명한 사실은 18세기 풍속화와 의궤, 19세기 전후의 사진에 담긴 제재용 톱의 형태는 큰 변화 없이 초기의 형태를 그대로 간직하고 있다는 점이다. 이는 조선 말기까지도 제재용 톱에 발전적 변화가 없었음을 의미한다.

일본 역시 근대에 사용하던 제재용 톱(잉거톱이지만 일본에서는 '大鋸'로 표기)은 중국이나 한반도에서 전래된 것이다.[111] 15세기경 일본에서 사용한 잉거톱 가운데는 몸체 길이 약 2m, 폭 9cm로, 약 80cm 의 목재 양단을 탕개 줄로 고정한 톱도 있었다. 그러나 이렇게 큰 잉거톱은 선박을 통해 중국에서 수입한 것이었기에 고가였고, 따라서 판재 켜는 장인(코비키)은 소유하지 못하고 주로 사찰에서 소유하였다.

1. 조선과 일본의
   근대 톱

근대에 사용된 조선과 일본의 톱은 두 나라의 기록으로 알 수 있다. 조선의 『화성성역의궤(華城城役儀軌)』(1796)에는 톱이 대인거(大引鉅), 소인거(小引鉅), 걸거(틀鉅),[112] 기거(歧鉅)로 기록되어 있다.[113] 걸거는 가로로 자르는 톱, 기거는 세로로 켜는 톱으로 추정한다.

한편 17세기 의궤에는 대거(大鉅), 중거(中鉅), 소거(小鉅), 거도(鉅刀, 또는 걸거틀鉅), 방전걸거(方塼틀鉅) 등이 나타나고, 18세기에는 대인거(大引鉅), 대기거(大歧鉅), 대걸거(大틀鉅), 별대인거(別大引鉅), 무치거(無齒鉅)가 새로운 톱으로 나타난다.[114, 115] 이 밖에 톱의 종류를 결톱(引鋸), 자름톱(短鉅), 큰톱(大鉅), 중톱(中鉅), 소톱(小鉅), 돌림톱, 실톱, 칼톱(鉅刀), 접톱, 손톱(手鉅), 세톱(細鉅) 등으로 분류하기도 한다.[116]

일본 역시 테라시마 료안(寺島良安)의 『화한삼재도회(和漢三才圖繪)』(1712)에 오가(大鉅, 조선의 인거), 마에비키 노코기리(前挽鋸), 다이기리

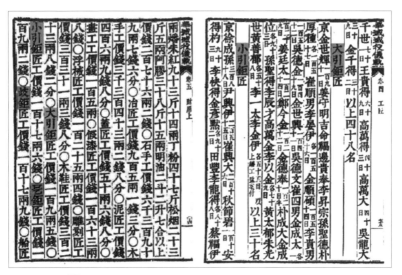

『화성성역의궤』[117]에 기술된 다양한 종류의 톱.

(台切)가 그림과 함께 수록되어 있어서 그 당시 톱의 종류와 형태를 파악할 수 있다. 오가(잉거톱)와 마에비키 노코기리는 판재를 켜는 톱이고, 다이기리는 원목을 자르는 톱이다. 이 밖에도 다양한 용도별 톱과 줄이 『화한선용집(和漢船用集)』(1761)에 실려 있어서 그 형태를 확인할 수 있다.

표 7. 조선과 일본의 근대 문헌에 나타난 목재 가공용 톱의 종류

국가	자르는 톱	켜는 톱
한국(조선)	대거, 중거, 소거	대인거, 소인거, 걸거(거도, 결톱), 기거
일본	다이기리(台切)	오가(大鋸),[118] 마에비키 노코기리(前挽鋸)[119]

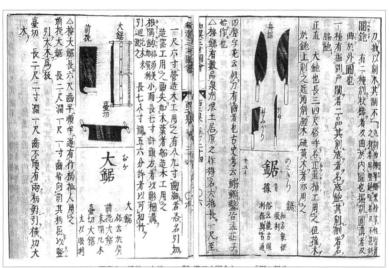

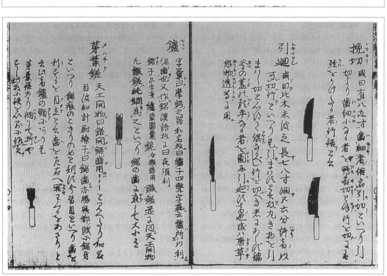

일본의 『화한삼재도회』[120](위)와 『화한선용집』[121](아래)에 실린 톱과 줄의 형태.

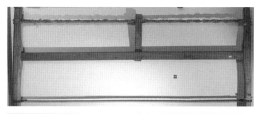

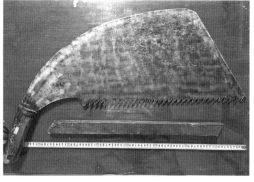

▲ 목재를 켜는 조선의 탕개톱, 일명 '잉거톱'이라고도 한다.

▼ 일본의 개량된 마에비키 노코 기리는 80㎝에 달하는 1인용 제재 톱이다.

정리하면, 근대에 사용된 조선과 일본의 목재용 톱은 크게 자르는 톱과 켜는 톱으로 구별할 수 있으며, 문헌에 나타난 조선과 일본의 자르는 톱과 켜는 톱의 명칭은 각각 달랐다. 특히 조선의 잉거톱은 일본에서는 오가(大鋸)로 표기하고, 1인용 켜는 톱과 마에비키 노코기리는 일본에서만 사용되었다.

마에비키 노코기리(前挽鋸)는 한자의 뜻처럼 앞으로 당기는 톱이며, 두 사람이 함께 밀어서 제재하는 잉거톱과 달리 1인용 제재 톱이다. 16세기 후반까지 조선과 다름없이 잉거톱을 사용하던 일본에서 1인용 제재 톱이 개발된 것은 톱 제작 기술에 일대 혁신이 일어났음을 의미한다.

2. 조선의 제재 톱
제작

조선의 톱은 어디에서 제작되었을까? 정부의 영건(營建) 사업, 성역(城役)이나 산릉(山陵) 조성에 동원된 장인들이 필요한 도구를 제작한 기록[122]은 있지만, 톱 제작 기록은 찾을 수 없다. 톱 제작과 관련된 기록이라고는 대장장이에게 톱 제작을 의뢰한 이문건(李文楗, 1494~1567)의 『묵재일기』가 유일하다.[123]

그래서 톱 제작 과정을 추정할 수 있는 대안으로 제재용 톱(잉거톱)의 사용 기록을 살펴보았다. 『조선왕조실록』에 등장하는 최초의 제재 톱 사용 사례는 1502년 관재를 켜는 전문 잉거군으로 확인된다.[124] 다음에 1536년 이문건의 일기에 청파에서 판자 2닢을 가져온 기록으로 미루어 보아 잉거장이 일하는 용산에서 구해 온 것으로 추정할 수 있으며,[125] 이어서 1553년 강화 정수사 중창에 잉거톱이 사용된 흔적을 찾을 수 있다.[126]

이러한 제재용 톱의 사용 기록은 일본의 잉거톱(오가)이 중국과 한반도에서 도입한 최초의 시기가 1444년이었음을 고려하면,[127] 중국에서 한반도에 잉거톱이 도입된 시기도 비슷할 거라고 유추할 수 있다. 중국과 한반도에서 전래한 잉거톱을 사용하던 일본은 16세기 말 제재용 톱을 개량한다. 이후 일본은 제재용 톱 제작 기술을 혁신하여 톱 전문 대장장이가 생산한 제재 톱을 17세기부터 보급하지만, 조선은 제재용 톱 개량은 물론이고 제재 톱의 제작과 유통 관련 기록조차 찾을 수 없다.

그래서 대안으로 잉거톱과 줄을 사용한 기록부터 확인하고자 관영 건축공사와 산릉 공사를 기록한 의궤와 이들 공사에 관여한 대장장이, 개인의 일기, 풍속화 등을 조사하였다. 톱과 줄을 함께 조사한 이유는 톱날의 성능 유지에 줄이 필수 도구였지만, 어디서도 제작 기록을 찾을 수 없었기 때문이다.[128] 정부의 공식 기록에는 잉거톱과 줄을 사용하거나 그 도구를 사용한 장인을 포상한 내용은 있지만, 제작이나 유통에 관한 기록은 찾을 수 없었다.[129, 130, 131]

조선의 대장장이(철물 장인)는 향촌 대장장이, 한양 도성의 군영 소속 대장장이, 장터 대장장이로 나눌 수 있고, 한 집안 형제들이 함께 활동하거나 한 집안 또는 같은 성씨 장인들이 세습하는 경향이 있었다.[132] 하지만 일본처럼 직능이 분화되어 전문 톱 대장장이, 줄 대장장이, 농기구 대장장이로 분화된 흔적은 찾을 수 없다.

왕실의 공역에 동원된 장인 장윤금의 사례는 조선 후기의 대장장이가 다양한 직능을 겸하여 활동했음을 시사한다.[133] 장윤금은 1772

년(영조 48년) 한 해 동안 여러 공역에 참여했지만, 「현종추존영조존호도감」에서는 야장(冶匠), 「육상궁상시도감」에서는 입사장(入絲匠)과 쇄약장(鎖鑰匠)[134]을 겸해 활동했다. 이러한 사례는 대장장이가 한 전문 영역에서 활동하지 않고 여러 분야를 겸해서 활동하였음을 의미한다. 따라서 조선 후기에 톱을 다량으로 생산하는 톱 전문 대장장이라는 직능도 없고, 톱 유통망도 마련되지 않았음을 추정할 수 있다.

공식 기록에 톱 전문 대장장이가 존재하지 않은 것과 마찬가지로 회화나 구전 이야기에서도 역시 톱 대장장이를 찾을 수 없다. 18세기 김홍도의 〈대장간〉, 19세기 초 김득신의 〈대장간〉, 19세기 말 김준근의 〈대장간 풍속도〉에도 대장간의 운영 체계를 알 수 있는 모습만 묘사했을 뿐 톱과 관련된 내용은 찾을 수 없다. 다만 김홍도의 〈경직풍속도(耕織風俗圖)〉에는 잉거톱과 잉거장이 확인된다.

국내의 다양한 연구자가 조선시대 철물 제작과 장인에 관한 연구를 수행하였지만, 대장간(장이)과 철제 연장 관련 논문 어디서도 톱과 줄 제작이나 유통을 보고한 사례는 없다.[135] 드물게 개인의 일기와 구술 기록이 조선의 톱 제작 방법을 일부나마 증언한다.

이문건의 『묵재일기』에는 톱 제작 과정을 간접적으로 유추할 수 있는 기록이 있다. 그의 일기에는 "대장장이 권동을 불러 작은 자귀와 톱을 만들게 했다", "곽진을 불러 절단용 톱과 거문고 배를 파내는 데 쓸 굽은 칼을 다시 만들게 했다"는 내용이 기록되어 있다. 즉 대장장이를 집으로 불러 자르는 톱과 못 제작을 의뢰하였음을 증언한다. 이문건의 일기를 통해서 16세기 중반에는 자르는 톱을 향촌의 대장장이가 제작하였음을 확인할 수 있다.

목재를 켜는 제재용 톱은 어떻게 만들었을까? 아쉽게도 그에 대한 기록이 없기에 구체적 방법을 확인할 수 없다. 다행히 1921년에 총독부 철도국 대령목수로 일을 시작한 배희한(裴喜漢, 1907~1997) 대목장의 구술이 조선 말기와 일제강점기의 톱 제작 과정을 유추할 수 있는 실마리를 제공한다.[136] 그는 "대장간에서 대장장이가 쇠를 두들겨 얇고 길게 만든 철판을 사다가 목수가 직접 철판 몸체를 얇게 갈아 판판하게 만든 후, 줄이나 징으로 톱니를 만들어서 탕개톱으로 사용했지만, 열처리 부족으로 톱니가 금방 무뎌지곤 했다"고 증언한다. 그 당시에도 중국에서 들어온 톱이 을지로 일대에서 인기가 좋았으며, 일본에서 만든 노코기리(양날톱)는 주로 판재를 만드는 데 사용하였다고 전한다.

대장장이가 잉거톱을 만들지 않고 목수가 얇은 철판을 갈아서 징으로 톱니를 만들어 제작했다는 배희한 대목장의 구술은 당시 잉거톱 제작 과정을 엿볼 수 있는 단서를 제공한다. 이러한 방식이 일반적 제작 방법이었는지는 확인할 수 없지만, 제재 톱 제작 기술자가 따로 없고 잉거장이 직접 톱을 제작했다는 점에서 주목할 만한 구술이다.

3. 일본의 제재 톱
제작

조선에서 제재용 톱 대장장이나 제작 기술에 관한 기록을 찾을 수
없는 사례와 달리, 비슷한 시기에 제재용 톱을 개량한 일본에서는
다양한 기록을 찾을 수 있다. 일본에서의 철제 톱은 4세기 고분에
서 출토되었고, 줄은 5세기의 고분과 나라시대 유적에서 출토되었
다.[137] 이후 오사카 덴노지(天王寺), 교토 후시미(伏見), 파슈(효고현) 미
키(三木), 아이즈(후쿠시마현) 와카마츠(若松), 에치고(니가타) 산조(三条),
신슈(나가노) 스와(諏訪), 고치 토사(土佐) 등지의 대장간에서 톱을 제작
했다.[138]

　일본은 예로부터 톱 대장장이가 단조(鍛造)·담금질 기술을 살려
스스로 줄도 만들고 톱날도 세웠다. 그러나 전국시대 이후 무사용
칼의 수요가 급감하자 칼 대장장이는 못, 농기구, 면도칼, 가위, 톱
전문 대장장이로 전업함에 따라 17세기 말 에도시대에는 톱 대장장
이의 기술을 계승하여 줄 전업 대장장이가 출현하였다.[139]

톱을 사용하던 일본의 벌목공·정원사·잉거장·대목은 17세기 말까지는 톱의 무딘 날을 대장간에서 벼리었지만, 줄이 본격적으로 생산·유통되면서 현장에서 스스로 톱날을 갈게 되었다. 전문 톱날갈이가 나타난 시기도 "당시 인구 백만의 도시 에도에서 반복적으로 일어난 대규모 화재로 목조 건축물의 재건축이 융성하였던 때"였다.[140] 18세기부터 제재용 톱과 줄을 생산하는 전문 대장장이가 일본 곳곳에서 활동함에 따라 그와 관련된 다양한 저작과 논문도 발표되었다.[141]

톱에 관한 저술과 연구 논문들과 별개로 옛 잡지와 그림 속에서도 톱과 줄이 등장한다. 19세기 에도의 〈거리 상인 그림〉[142]에는 서

카츠시카 호쿠사이의 '후카쿠 36경' 가운데 〈토토미 산중〉에 묘사된 제재 톱과 줄.

적 노점상 옆에 톱날갈이 장인이 자물쇠 수리공과 이발사와 함께 그림 속에 등장한다. 또한 양날톱은 1889년에 발행된 잡지에 소개되고 있다.[143] 카츠시카 호쿠사이(葛飾北斎)가 후지산을 배경으로 제작한 '후카쿠 36경(富嶽三十六景)'의 판화 중 〈토토미 산중(遠江山中)〉(1831~1834)의 그림에도 개량된 제재 톱과 줄로 톱날을 벼리는 장면이 묘사되어 있다. 이들 제재 톱은 마에비키 노코기리(前挽鋸)이다.

4. 1인용 제재 톱,
마에비키 노코기리

일본의 마에비키 노코기리는 언제 개발되었을까? 몇몇 문헌[144, 145]은 1598년경으로 언급하지만, 그 내용은 1596년 지진으로 훼손된 "교토 호코지(方廣寺) 조영(造營) 무렵에 나타났다"는 기사[146]로 구체화된다.

17세기부터 목재 산지에 보급된 마에비키 노코기리는 20세기 초까지 효능 좋은 1인용 제재용 톱이었다. 이 톱은 코비키(제재 톱 장인)만 사용하였고 대목[大工]은 사용하지 않았다. 하지만 20세기 전후 공장식 제재소[147]가 일본 곳곳에 설립됨에 따라 태평양전쟁 이후 톱을 만들던 대장간과 판재를 켜던 전문 장인[木挽]은 대부분 무대에서 사라진다.

가. 톱 전문 대장장이 주㈜ 동료 조직, 마에사키(鋸鍛冶)

16세기 말에 나타난 마에비키 노코기리는 어떻게 제작·보급되었을까? 이 톱의 제작과 유통 방법은 에도시대에 상공업자가 운영한 주 (株) 동료 제도와 유사하다.[148] 주 동료 제도란 1) 주를 소유한 동료만 이 자유롭게 생산이나 유통에 참여할 수 있고, 2) 신규 가입을 제한하여 주 동료 인원수를 일정하게 유지하고, 3) 동료의 주를 매매나 양도로 획득할 경우 일정한 절차를 거친 후에 가입할 수 있는 제도였다.

톱 대장장이 주 동료 제도는 17세기 말 에도막부에서 교토의 마에사키(鋸鍛冶)[149] 조합에 톱 제작과 유통 독점을 공인함으로써 시작되었다. 당시 교토에는 8명의 톱 대장장이가 주 동료 구성원으로 활동하고 있었다. 18세기 초반(1823~1833)에는 총 8명의 구성원 중 5명이 퇴출당하고 새롭게 2명이 합류하여 최종 등록된 구성원은 5명이었다. 이들 5명 이외에도 교토 인근(오미 고가, 오사카, 파슈 미키)에 5명이 더 활동하고 있어서 교토 권역에는 총 10명의 구성원이 활동하고 있었는데, 교토의 주 동료 가운데 안가야야 시치로 우에몬(雁金屋 七郎右衛門)의 주는 1849년 오미 고가의 나카니시 시치로 사에몬(中西 七郎左衛門)에게 양도된다.

정리하면 에도막부의 주 동료 제도에 따라 옥강(玉鋼)[150]을 담금질하여 제재용 톱을 제조하던 톱 전문 대장장이 가문이 주 동료 조합을 결성하여 마에비키 노코기리의 생산과 유통을 독점하게 된다. 그리고 에도막부는 톱 대장장이의 독점적 권리를 보장해주고, 수익의 일부를 영업세 명목으로 상납받는다. 처음에는 교토를 중심으로 주 동료 조합이 운영되었지만, 교토의 하도급으로 톱 제작 기술이 지방으로 이전됨에 따라 교토의 전문 톱 대장간은 쇠퇴한다. 교토의 주 일부가 오미 고가와 파슈 미키의 주 동료 조합으로 양도됨에 따라 교토에서 만들던 톱을 이들 지역에서 대량 생산하였고, 이렇게 생산된 톱은 이 지역의 유명한 특산품이 되었다.

나. 제작 방법

마에비키 노코기리의 제작 방법은 일본의 중요무형민속문화재(2015)와 임업유산(2020)으로 지정된 고가 지역의 톱 제작 사례를 참고할 수 있다.[151] 에도시대부터 메이지시대까지 일본의 옥강 생산 과정은 정련과 제강 공정을 장시간 거쳐야 했다. 톱 제작용 강철판은 소나무 숯으로 단조하여 생산했고, 그에 종사하는 인력도 6~7명이나 필요했다. 그러나 1897년부터 유럽산 양강(洋鋼) 판을 사용함에 따라 강철 톱 판을 만드는 공정이 줄어들고, 톱 제작에 필요한 인원도 10명에서 3~4명으로 줄어들게 된다.

강철판이 준비되면 다음과 같은 순서로 톱이 제작된다.

> ① 톱 판 형태 잡기: 강철판을 톱 형태로 잘라내고, 끌과 망치로 다듬어 전체적인 형태를 잡는 공정이다. 이때 톱등의 두께가 톱니 두께보다 더 얇게 망치로 편다. 이렇게 두께를 달리하는 이유는 나무를 자를 때 톱날이 제재목에 안 끼이고 쉽게 빠져나

와 일직선으로 곧게 잘리게 하기 위함이다.

② 철제 손잡이 접착: 톱 몸체 판에 자루를 낄 철제 손잡이를 접착하는 공정이다.

③ 톱니 새기기: 톱 판에 톱니 새김용 끌로 톱니를 뚫는 공정이다.

④ 표면 다듬기: 톱 판의 왜곡을 바로잡고 표면을 대패 칼날로 매끄럽게 미는 공정이다.

⑤ 톱니 담금질: 톱니를 좌우 교대로 구부린(날어김) 후, 가열한 톱니 담금질용 가위를 톱니에 하나씩 끼우고 냉수에 급랭시켜 담금질한 후, 다시 담금질 틀에 끼워 서서히 뜨임질[152]한다. 특히 톱니의 날어김과 개개 톱니의 담금질 공정은 고도의 기술이 필요하다.

⑥ 톱 몸에 명문 새겨 넣기: 대장간의 명문이나 각인을 새기는 공정이다.

정리하면 마에비키 노코기리의 제조 공정은 크게 톱 판 조제(1~3), 톱 판 표면 다듬기(4), 톱니 담금질(5) 공정으로 진행되었다. 담금질은 톱 판 전체가 아니라 톱니에만 하였고, 톱니의 담금질은 고열로 달군 가위로 톱니를 하나씩 잡아 담금질하는 간접 방법이었다.[153]

톱 제작 방법은 톱 산지에 따라 조금씩 달랐다. 고치현의 도사(土

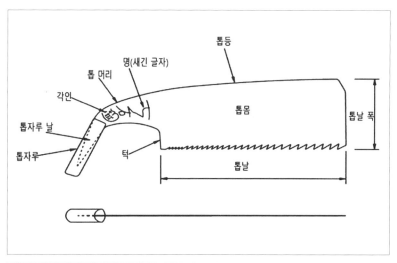

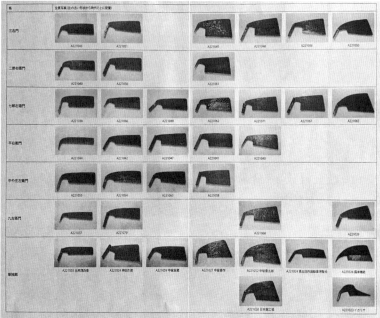

마에비키 노코기리의 세부 명칭(위)[154]과 제작된 대장간별·시대별 형태 변화(아래).[155]

佐) 톱은 톱니 판과 손잡이 부분을 함께 만들었으므로 톱의 형태 변화가 거의 없었다. 반면 고가 지역의 톱은 톱니를 새기는 톱 판을 강철로 제작하고, 손잡이 부분은 철로 제작하여 접착하였기에 톱의 형태를 바꾸기가 쉬웠다. 고가 톱의 이러한 특성은 제재 장인 코비키의 요구에 따라, 그리고 켜는 나무의 종류에 따라 손잡이 길이와 각도, 톱등의 각도 수정 등 개별적 주문 수요를 충족시킬 수 있었다.

홋카이도 시모카와조(下川町)의 단조 톱 제작 방법은 큰 틀에서 고가의 톱과 유사하나, 개별 톱니를 단조한 고가와 달리 톱 판 전체를 담금질하여 톱니를 새기는 방법으로 제작했다.[156]

한편 1830년에서 1890년대까지 생산한 마에비키 노코기리의 형태를 살펴보면 톱날과 톱등은 직선으로, 톱날과 자루의 설치 각도는 대체로 직각이었다. 그러나 메이지시대 후반(1900년경 전후)부터는 톱날 폭이 점차 넓어지고 톱등이 크게 굽은 형태로 변화하며, 톱자루의 설치 각도나 선단도 서서히 비스듬해진다. 톱 형태의 이런 변천 과정을 일본에서는 "단권형[短冊型]에서 고래형[鯨型]으로 변했다"고 표현하며, 톱몸이 커짐에 따라 명칭도 마에비키 오가(前挽大鋸)로 바뀐다(109쪽 그림 참고).

톱의 형태가 고래형으로 확대된 이유는 1) 무거운 톱이 판재 제재 작업에 유리하고,[157] 2) 톱 판이 클수록 날어김을 최소화함으로써 굵은 목재를 왜곡 없이 똑바로 켤 수 있기에 수율(收率)을 높일 수 있었기 때문이다.[158] 아울러 1900년경 전후로 톱의 몸체가 커진 이유는 제작 공정이 까다로운 일본산 옥강과 달리 수입한 양강 판을 사용하기에 톱 판을 늘리는 공정 없이 톱의 몸체를 크게 만들기가 쉬웠기 때문이다.

다. 제작 장소

에도시대에 급증한 목재 수요[159]는 도구 생산력 향상과 직능 분화로 이어졌고, 그러한 시대적 상황[160]은 제재용 톱 마에비키 노코기리와 제재 전문 장인 코비키의 출현을 촉진했다. 마에비키 노코기리의 최초 제작 장소는 16세기 말 톱 대장장이가 많이 모여 있던 교토로 추정된다.[161] 이 제재 톱이 일본 전역에 퍼져나감에 따라, 고가(시가현), 미키(효고현), 도사(고치현)가 주요 산지가 되었으며, 그 밖에 가누마, 센다이, 아이즈 등에서도 제작되었다.[162]

19세기 초반에는 미키[163] 지역의 톱 대장장이 조합에서 교토풍의 마에비키 노코기리를 에도와 나고야에서 대량 생산함으로써 교토의 톱 생산량이 점차 감소한다. 그러다가 19세기 중후반이 되면 톱 제조 중심지는 교토에서 하도급 받아 톱을 제조하던 미키와 고가로 옮겨 가고, 톱은 이들 지역의 특산품이 된다.

1880년경에는 서양에서 수입한 평강(平鋼)과 판강(板鋼)으로 마에비키 노코기리를 생산함에 따라 생산량이 대폭 증가하고, 전국으로 판로가 확대된다. 1895년 미키의 마에비키 오가 생산량은 1만 800

장에 달했고, 1907년 고가의 연간 생산량은 2만 5000장, 1908년은 2만 7000장으로 증가하여 사할린과 조선, 만주, 대만, 필리핀에도 출하된다.[164] 그 당시 고가의 톱 대장간은 15곳, 제조 장인은 290명에 달했으며, 1952년까지 톱 생산이 이루어졌다.

라. 시치로 우에몬 대장간의 상호(商號) 전승

시치로 우에몬(七郎右衛門)은 200년 이상 지속된 톱 대장장이 가문으로, 19세기 초반(1823)부터 20세기 초(1920년대 말)까지 그의 활동상은 문서[165]와 논문[166, 167]으로 확인할 수 있다.

그 내용을 시기별로 정리하면 일찍이 17세기 말경에 스승 시치로 사에몬(七郎左衛門)으로부터 톱 제작 기술을 배웠고, 19세기에 이르러 교토의 톱 대장장이 주 동료 조직인 마에사키로 활동하다가 1849년 오미 고가의 후계자 시치로 사에몬에게 주 동료 권리를 양도하였다.

시치로 우에몬의 명문이 찍힌 톱은 교토(1830~1860년대)와 고가(1867~1920년대 말)에서 제작되었으며, 교토에서 제작된 톱이 고가에서 제작된 톱보다 품질이 더 좋다고 알려졌다. 시치로 우에몬의 주를 양도받은 고가의 나카니시야(中西家)는 1900년 고가의 마에사키 톱 제조업 조합장에 취임하고, 1902년경부터는 나카니시야 시치로 사에몬(中西 七郎左衛門)의 상호로 톱 생산을 계속한다.

5. 조선의 제재용 톱은 어디에서 유래된 것일까?

톱의 수요는 건축 재료와 목재 수요에 영향을 받을 수밖에 없다. 가옥 건축에 사용되는 각재와 판재의 수요량이 많고 적음에 따라 목재를 제재하는 데 필요한 톱의 수요가 다르기 때문이다. 그러면 왜 조선에서는 대장간에서 톱을 제작한 기록을 찾을 수 없을까? 대목장 배희한의 구술에서처럼 조선에서 제재용 잉거톱을 대장간에서 생산하지 않았기(못했기) 때문은 아닐까?

이런 의문을 풀기 위해선 목재 수요와 이용 측면에서 1) 가옥 건축 양식, 2) 도시화 비율에 따른 목재 수요, 3) 목재 유통 규모, 4) 상업자본의 축적 여부에 대해 조선과 일본을 비교해볼 필요가 있다.

가. 가옥 건축 양식

일본의 가옥은 지진과 화산 등에 의한 자연재해와 고온다습한 환경

조건에 적합하도록 대부분 목조로 축조되었고, 온돌 난방이 불필요하였기에 2층으로도 건축되었다. 조선은 소빙기의 추위를 극복하기 위해 온돌 난방을 채택함으로써 가옥을 단층으로 짓고, 벽체는 목재보다는 주로 흙을 사용한 초가 형태가 대부분이었다.

따라서 같은 규모의 가옥을 축조할 경우, 한옥이 일본식 가옥보다 제재가 필요한 각재나 판재의 사용량이 상대적으로 적었고, 따라서 제재용 톱의 수요도 많지 않았을 것이다.

나. 도시화에 따른 목재 수요

주거 형태상의 차이와 함께 도시화 비율도 목재 생산과 유통에 큰 영향을 미쳤을 것이다. 18세기 말 조선의 10대 도시는 인구가 제일 많은 한양의 20만 명에서 길주의 6만 5천 명으로, 도시에 사는 사람들의 숫자가 많지 않았다.[168]

1700년경 일본 에도의 인구는 1백만 명이 넘었고, 교토와 오사카의 인구는 각각 35만 명과 41만 명이었다.[169] 당시 유럽인의 2%가 인구 10만 명이 넘는 도시에 살았던 반면, 일본인의 5~6%는 인구 10만 명 이상의 도시에 거주했다. 일본인의 10%는 인구 1만 명이 넘는 공동체 형태로 살았기에 도시화 비율이 유럽에 비해 더 높았고, 조선의 2.5%보다도 높았다.

인구가 밀집한 도시에 사는 사람들은 향촌 주민들과 달리 목재를 자급자족할 방법이 없었다. 따라서 건축재는 목재상을 통해서 구해야 했고, 그에 따라 조선의 한양은 물론이고 일본의 에도, 오사카, 나고야 같은 대도시 주변에는 목재 시장이 형성되었다.

에도시대에 목재 수요가 급증한 또 다른 이유는 도시화로 인한 화재도 무시할 수 없다. 에도에는 1601년에서 1866년 사이에 총 93회의 큰 화재(평균 2년 9개월마다)가 발생하여 주택 복구용 건축재가 대량으로 필요하였다.[170] 화재 복구에 필요한 목재 수요는 250년간 지속되었고, 지속적인 목재 수요는 톱의 개량과 수요를 촉진하는 견인차 역할을 했다.

다. 목재 유통 규모

19세기 조선의 중앙 재정 규모는 쌀 100만 석이었고, 공가액 중 목재가 차지하는 비율은 2.7%, 연료는 2.3%였다. 18세기 초 오사카의 목재 유통 규모는 전체 거래액의 13%, 연료 9%, 목탄 4%에 달했다. 일본의 19세기 막부 재정 규모는 조선보다 십수 배가 많았고, 따라서 목재 유통 규모도 더 크고, 그에 비례하여 톱의 수요도 더 많았을 것이다.[171]

국용 목물(國用木物)이나 개인의 가옥 건축재를 독점적으로 공급하던 장목전(長木廛)은 1500년대에 생겨났고, 성 내외에 내장목전과 외장목전으로 운영되었다. 내장목전은 유분 각전(有分各廛)의 하나로

성안에 여러 곳이 있었으며,[172] 국역 부담률은 1푼[分]이었고, 뚝섬과 용산과 마포 일대에 있던 외장목전 역시 건축재를 파는 곳으로 국역 부담률이 없는 무분전(無分廛)이었다. 김정호가 제작한 『청구도』의 「오부전도(五部全圖)」에는 내장목전이 오늘날 종로3가에 표기되어 있다. 정조가 1791년 육의전을 제외한 모든 시전의 판매독점권을 폐지하는 신해통공(辛亥通共)을 시행함에 따라 장목전의 영업은 축소되었고, 1800년대에는 주로 사상(私商)이 건축재를 취급하였다.

내·외장목전에서 가옥 건축재가 거래되긴 했지만, 산림이 헐벗은 조선 후기에 목재의 수급 상황은 원활하지 못했다. 그 구체적 사례는 구옥(舊屋)에서 뜯은 목재를 장목전에서 거래한 기사가 18세기 초부터 실록[173, 174]과 『승정원일기』[175]에 80년에 걸쳐 계속 확인되고 있다. 목재를 저렴하게 구입할 수 있었으면 군이 고재(故材)를 사용할 필요가 없었겠지만, 18세기의 목재 수급 상황은 그렇지 못했다. 건축재 부족 상황은 20세기 초에도 계속 이어져, 한양에서 집을 뜯은 재목의 거래가 1905년과 1906년에도 계속되었다.[176]

한양에서는 '벌목꾼→ (육로·수로) 지방 상인→ (한강) 중간 상인→ 장목전→ 소비자' 순으로 목재가 공급되었는데, 그렇다면 향촌에서는 필요한 목재를 어떻게 구했을까? 조선의 도시화 비율이 2.5%인 점을 고려하면 주민 대부분은 향촌에 거주하고 있고, 따라서 필요한 목재는 대부분 자급자족하였음을 서유구의 『임원경제지』「예규지(倪圭志)」의 '팔역장시'에서 확인할 수 있다.

표 8. 『임원경제지』에 수록된 전국 장시와 판재, 목물 및 철물 판매 장시의 수

도명	군현수	장시수	물품기록장시수	군현당 장시가 두곳 기록된 지역	송판 거래 장시	판재 거래 장시	목물 거래 장시	철물 거래 장시
경기	34	92	35	수원			5	8
충청	53	157	59	공주, 충주, 청주, 홍주, 아산, 서산	1(조치원)	1(괴산)	2	5
전라	53	185	55	순창, 함열			12	14
경상	71	269	72	사천	1(성주)		13	15
강원	26	51	26					2
황해	23	109	23				3	3
평안	42	145	42		1(강계)			37
함경	14	42	14		1(함흥)	1(함흥/추판)	4	3
합계	316	1052	326		4	2	39	87

'팔역장시'에는 1830년경의 전국 장시와 거래된 품목들이 수록되어 있다. 조선 팔도의 316개 군현에서 1,052곳의 장시가 운영되었으며, 거래 상품의 종류를 기록한 장시는 326곳이었다. 전국적으로 쌀·콩·맥류 등의 곡물류, 면포·마포·면화 등의 직물류, 소금·생선·담배 등의 생필품이 많이 유통되었다. 한편, 전국 장시 중에서 목재가 거래되고 있는 곳은 조치원, 성주, 강계, 함흥 장시가 송판을 판매하고, 괴산과 함흥(추판) 장시에서는 판재를 판매할 뿐이었다. 도시화 비율이 높은 평양, 의주, 충주, 전주, 경주 등의 장시에서

는 목재가 거래되지 않았다.

'팔역장시'에는 목재가 거래되고 있는 장시가 6곳, 목물이 거래되는 장시가 39곳인 데 비해 철물이 거래되는 장시는 87곳이나 되었다. 장시에서 거래되는 목물은 나무로 만든 홍두깨, 떡살, 목기 등을 통틀어 이르는 말이다. 철물을 거래하는 장시가 목재를 거래하는 장시보다 10배나 더 많은 이유는 목재 조달이 철물 제작보다 더 쉬웠기 때문이다.

일본의 목재 유통 구조는 조선과 달랐다. 일본은 16세기부터 대도시 인근에 목재를 공급하는 지역 특산 목재 생산지가 있었다. 오사카는 요시노와 오와세가 목재 공급기지였으며,[177] 나고야의 목재 공급기지는 기소였다.[178] 에도 역시 인근에 목재 공급기지가 있었다. 에도에서 40~60km 떨어져 있는 니시카와 지역(현재의 사이타마현 서부)은 17세기 후반에 인공조림 방법을 발전시켜 생산한 삼나무와 편백을 뗏목으로 흘려보내 에도에 공급하였고,[179, 180] 오와세에서 생산된 목재 역시 선박을 통해 에도로 공급되었다. 한강변에 목재 시장이 형성되었듯이 에도와 오사카, 나고야를 관통하는 강변이나 하천변에는 다수의 목재 시장이 형성되었다.[181] 17세기 말 제재 톱 제작과 판매 권리를 나누어 갖는 동업자 조직인 마에사키 조합이 교토에 설립된 이유도 당시 교토와 오사카, 나고야에서 목재 수요가 급증하였기 때문이다.[182]

라. 상업자본의 축적 여부

조선과 일본의 신분제도는 사농공상으로 유사했으나 상업의 실질적인 위상은 일본이 조선보다 더 높았다. 조선 사회는 유교적 통치 이념에 따라 상업을 천시한 결과 상업자본의 축적이 쉽지 않았다. 중앙집권적 통치 체제로 유지된 조선 사회와 달리 일본은 봉건 체제로 통치되었다. 그래서 17~18세기에 상업이 비약적으로 발달할 수 있었고 상업자본도 축적되었다.

이렇게 축적된 상업자본이 임업에 투입되었고, 자본의 회수 기간이 비교적 짧은 20~30년 주기의 삼나무와 편백의 단벌기 집약 재배 방법을 발전시켰으며, 결과적으로 목재의 생산과 유통에 다양한 주체가 임지와 노동력과 자본을 투입할 수 있었다.[183] 예를 들면 요시노 지방의 독특한 임업은 1700년경부터 외부 산림 소유자가 현지 주민들에게 산림 관리를 맡기는 산수(山守) 제도가 시행되었으며, 이 과정에 요시노 지방의 상업자본이 목재 생산과 유통에 참여하는 형태로 운영되었다.[184]

목재 생산과 유통과 소비 체계가 구축된 일본과 달리 조선은 약탈적 임업으로 목재 생산을 지속적으로 꾀할 수 없었고, 지방의 장시에서 거래되는 목재의 종류도 송판으로 한정되어 있었다.[185] 따라서 지방에서 제재 톱의 수요도 많지 않았을 것이다.

6. 맺음말

'조선의 톱은 청나라산 톱이 아니었을까?'

이런 의문이 든 이유는 조선 사회의 톱(전문 장인)에 대한 낮은 사회적 수요가 중국의 생산 체계에 의존하게 만든 것일 수도 있다는 생각이 들었기 때문이다. 이종석은 "톱에는 응당 줄이 필수적인데 그 명산지조차 밝혀지지 않고 있다"고 일찍이 주장하였고,[186] 현재도 그에 대한 어떤 징후도 찾지 못하고 있다.

흥미롭게도 나의 추정과 유사한 사례는 또 있다. 바로 바늘의 생산과 유통에 관한 것이다. 19세기 조선의 유명한 실학자들은 "바늘을 국내에서 제작하지 못한다"고 주장하였다.[187] 19세기 초 이강희는 『거설답객난(車說答客難)』에서 조선은 바늘 제작 장인이 없다고 주장하였고, 서유구와 이규경 역시 『임원경제지』와 『오주연문장천산고』를 통해서 바늘을 제작하지 못한다고 기술하였다. 이들의 주장이 틀린 것은 아니지만, 실제는 국내에서 제작하기보다 청나라산(産) 바늘

과 못을 수입하여 사용하는 것이 경제적으로 더 유리했기 때문이라는 주장도 있다.[188]

명말 청초에는 은 중심의 화폐경제가 발달함에 따라 시장의 발달과 상품화폐 경제와 수공업의 발달에 힘입어 관영 수공업이 민영 수공업으로 전환되고, 동시에 노동자를 대량 고용함으로써 공장제 수공업이 높은 수준으로 발달하게 된다. 수공업 제품의 다량 생산이 이루어짐에 따라 생산 단가가 낮아지고, 따라서 힘들여 소량으로 생산하기보다는 싸게 수입하여 사용하는 것이 유리했다.[189]

제재용 톱을 생산하기 위해서는 질 좋은 철광석, 풍부한 연료(석탄), 단조·담금질 기술을 가진 대장장이가 필요하다. 중국은 그런 조건을 갖춘 곳이 많았다. 반면 조선은 철광석의 생산과 제련 과정이 한정되어 있었고, 제재용 톱을 생산할 대장장이도 없었음이 배희한의 구술로 뒷받침된다. 배희한은 1920년대에도 중국에서 들여온 톱이 을지로 일대에서 인기가 좋았다고 밝힌 바 있다.

이상으로, 조선 후기 관의 가격이 400~500냥에 달한 이유가 산림 황폐로 인한 소나무 자원의 고갈과 함께 조선에서 제재용 톱을 생산하거나 개량하지 못한 점도 무시할 수 없음을 주장하기 위해서 조선의 제재용 잉거톱 제작 여부를 살펴보았다.

3장

국용주재, 율목

밤은 『삼국사기』와 『삼국유사』에 우박의 크기[190]나 지명[191]으로 등장할 만큼 우리 조상에게는 친숙한 유실수(有實樹)이다. 또한 원효의 출생 설화에 밤과 관련된 이야기가 있듯이 불교와도 인연이 깊다.[192]

고려시대에 이르러 밤나무 재배가 일반화되어 1088년 선종은 밤나무에 세금을 매기기 시작한다.[193] 명종은 1188년 뽕나무 묘목과 함께 옻나무·닥나무·밤나무·잣나무·배나무·대추나무·과일나무도 각각 제때에 맞춰 심도록 지시한다.[194] 밤은 고려시대에 식용이나 구황식물로 사용되었고, 각종 제례에 제물로 사용되었다.[195]

밤나무를 위패로 사용한 것은 고려 성종(981~997년 재위) 때였다. 그 이전까지는 국가 차원의 의례가 제대로 거행되지 못하다가 성종이 사직단을 세우고 예전(禮典)에 따라 의례를 거행하면서 밤나무로 만든 위패를 사용하였다.[196]

조선 건국과 함께 인공적·자연적으로 조성된 의율처(宜栗處)에서 밤나무 목재와 밤을 생산하였는데, 밤나무 숲은 개인[197] 또는 국가기관에서 조성하였다.[198] 조선시대에 밤은 구황작물로도 진상 물품으로도 중요했고, 특히 제례 품목으로 중요했다. 조선의 군현은 관율전(官栗田) 또는 율목전(栗木田)으로 불리던 밤나무 숲을 운영하였다.[199] 율전은 조선 후기에 토지대장인 양안(量案)에 등재되어 소유권 확보의 근거가 되기도 했고,[200] 과세 대상이 되기도 했다.[201]

죽은 사람의 위패를 일컫는 신주(神主)는 조선 초기에 밤나무와 뽕나무로 만들었지만,[202] 곧 밤나무로만 제작되었다.[203] 조선 후기에 이르러 신주로 사용된 밤나무 목재는 국용주재(國用主材)라 불리기도 했다.[204] 국용주재는 황장과 향탄과 함께 왕실의 의례용 임산물로써,[205] 왕실과 공신(功臣) , 재신(宰臣), 향교의 위판(位版) 등으로 사용되었다.

3장에서는 1) 밤나무 위판의 규격, 위판의 조달 부서와 조달 방법 등을 정리하고, 2) 조선 조정이 18세기에 심화한 임산자원 고갈에 대처하고자 새롭게 시행한 봉산(封山) 제도를 밤나무에까지 적용한 이유를 산림의 지속 가능성 관점에서 살펴본 뒤, 3) 대체 율목 생산처로 호남과 영남의 사찰림을 율목봉산으로 지정하고, 그 육성과 보호를 사찰에 맡긴 배경 등을 고찰하고자 한다.

1. 위판의
규격

위판(位版)의 규격은 조선시대 국가의 기본 예식을 정리한 『국조오례서례(國朝五禮序禮)』(1474)와 『춘관통고』(1788) 등에 규정되어 있다.

가. 『국조오례서례』에 규정된 위판의 규격

『국조오례서례』에 규정된 위판의 규격은 다음과 같다.[206] "위판은 밤나무로 만든다. 위판은 길이 1척 2촌, 두께 8푼, 너비 4촌이며, 규(圭)의 수(首, 머리)와 부(趺, 받침)는 길이가 8촌, 너비가 4촌, 두께가 2촌이다."

   - 좌(座)의 제도는 그 앞면과 윗부분을 모두 비워둔다. 바닥 판의 길이는 1척 4촌, 너비는 9촌, 두께는 2촌이다. 3면의 판의 높이는 각각 1척 3촌 1푼이며, 두께는 각각 3푼이다. 후면의 너비는

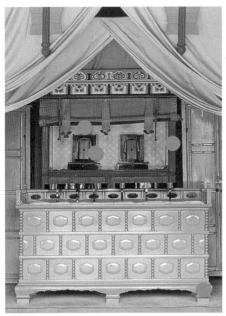

▲ 종묘 정전의 신주. (출처: 종약원)
◀ 종묘 영녕전 1실의 목조대왕(좌)과
목조비(우) 신주. (출처: 종약원)

1척 5푼, 좌·우면의 너비는 각각 5촌이다.

- 덮개[蓋]의 제도는 평평한 정수리에 4면은 수직으로 내려오며, 정면은 넓고 옆은 좁다.

- 개판(蓋板)의 길이는 1척 1촌 7푼, 너비는 6촌 3푼 남짓, 두께는 3푼이다. 전·후판의 길이는 1척 3촌 5푼, 너비 1척 1촌 7푼, 두께 3푼이다. 좌·우판의 길이는 1척 3촌 5푼, 너비 6촌 3푼 남짓이다.

- 대(臺)는 길이가 1척 4촌, 너비는 9촌, 두께 3촌이다. 백자판(잣나무 판자)을 쓴다.

나.『춘관통고』[207]에 규정된 위판의 규격

종묘 위판의 규격을 살펴보면, 소상(小祥) 때 모시는 신주(神主)는 "밤나무로 만든다. 길이는 1척이고, 정사각형의 한 변은 5촌, 위의 꼭대기는 1촌 8푼[分], 4상은 각각 1촌 1푼씩 깎아내고, 네 모퉁이에는 각각 1촌씩 깎는데, 위아래 사방에 통공(通孔)한다"고 규격을 언급하고 있다.

종묘에 모시는 부묘(祔廟)의 위판은 "밤나무를 사용하여 만든다. 길이는 1척 2촌이고, 두께는 8푼이며, 너비는 4촌이다. 규(圭)의 머리는 길이가 8촌, 너비는 4촌이고 두께는 2촌이다. 좌제(座制)는 면(面)과 정(頂)이 모두 허기(虛氣)이고, 저판(底板)의 길이는 1척 4촌, 너비는 9촌, 두께는 2촌이다. 삼면(三面) 판은 높이가 각각 1척 3촌 1푼, 두께가 각각 3푼씩이다. 뒷면에는 너비 1척 5푼, 좌·우면 너비가 각각 5촌이다"라고 규정하고 있다.

주현(州縣)의 사직에 사용된 위판의 규격은 길이는 2척 2촌 5푼이고, 너비는 4촌 5푼이며, 두께는 7푼이고, 부방(신주 밑에 까는 네모진 받침)은 8촌, 밑바탕은 높이가 4촌 6푼이다.

2. 위판의 조달 부서와
조달 방법

조선왕조는 성리학을 국가의 통치 이념으로 채택하고, 조상의 신위(神位)를 상징하는 위판의 안정적 공급을 왕실의 권위를 지키고 사회 통합에 중요하다고 인식했다. 태조는 『주자가례』를 국가의 의례로 채택하고, 한양 천도와 함께 종묘와 성균관을 설치하였으며, 1406년 성종이 전국 주현에 사직과 향교를 설치함에 따라[208] 전국 고을과 각종 제사에 필요한 위패도 늘어났다.[209] 또한 조선 건국과 더불어 전국 산천에 지내던 제사용 위패[210]의 수요도 함께 늘어났다. 그에 따라 조선 조정은 밤나무 주재를 공신과 재신에 원활하게 공급하는 일에 각별히 신경을 썼다.

　17세기 이후 문중이 형성되면서 양반에까지 확산된 제례용 위패의 수요는 점차 더 늘어났다. 18세기 초 『주자가례』가 중인에까지 보급됨에 따라[211] 위패 수요는 더욱 늘어났고, 18세기 초에 이르러 위패 제작에 필요한 밤나무 목재 확보를 위해 남부지방의 사찰림을 활용하기에 이른다.

가. 위판 조달 부서_봉상시

태조는 1392년(태조 원년) 고려의 제도를 이어받아 봉상시(奉常寺)를 두어 국가의 제사와 시호(諡號)를 관장하게 했다. 봉상시에서 위패 제작을 관장한 사례는 1420년 실록에 최초로 나타나고,[212] 보다 구체적인 내용은 1451년에 펴낸 『세종실록』의 '오례 흉례 의식'에 기술되어 있다.[213] 즉 조선 초기부터 봉상시에서 위패 제작에 필요한 주재 수급을 담당했음을 알 수 있다.

나. 위판용 밤나무 조달 방법

조선시대 국용재(國用材) 조달은 두 가지 방법으로 이루어졌다. 하나는 전체의 수요량을 예상하여 읍별로 필요한 벌목량을 나누어 충당하는 분작제(分斫制) 방식이다. 이 경우 읍별로 벌목량을 달리하고 그 양에 따라서 제 경비의 분담 액수가 결정되었으며, 각 지역에서 벌목한 목재를 한 장소(도회관)로 모은 후 중앙에서 파견한 관리가 운반하는 체계였다.

다른 하나는 특정한 장소를 봉산으로 지정하여 특정 국용 목재를 생산하는 도작제(都斫制)로, 황장이나 율목, 전죽과 같은 임산물을 조

달하는 방식이다.[214]

분작제나 도작제와 관계없이 국용 율목의 조달은 율목경차관이 현장에 파견하여 그 업무를 총괄하였다.

다. 율목경차관 파견 제도

봉상시는 조선시대 전 시기에 걸쳐 율목경차관(栗木敬差官)과 범철관(泛鐵官)을 파견하여 위판용 주재를 각 도나 봉산에서 조달하였다. 율목경차관은 봉상시 소속의 관원이었으나, 다른 관서의 관원들이 겸직하기도 했다. 그 사례는 1672년 진산(珍山) 군수를 겸직하던 율목경차관이 충청도와 경상도에 오랫동안 파견됨에 따라 군수 자리를 오랫동안 비우게 되자 조정에서는 진산 군수를 다른 사람으로 발령을 냈다고 한다.[215]

범철관은 왕실의 산릉(山陵)이나 못자리를 선정하고, 매장 시 방위를 감독하며, 궁중에서 출산이 있으면 산실청(産室廳)을 설치하고, 왕족의 신주용 밤나무를 벌채할 때는 그 방위의 길흉을 측정하기 위해 파견된 관상감(觀象監) 소속의 지관이다.[216] 밤나무 벌목 장소와 방위를 선정하는 범철관의 이러한 업무는 임목을 양적 자원이라고 인식하기보다는 인간과 함께하는 질적 생명체로 인식한 사례이며, 자연과 조화로움을 추구했던 선조들의 문화적 흔적이라 할 수 있다.

그렇다면 율목경차관은 언제부터 활동하였을까? 조선 조정은 15

세기 후반에 재목을 베어 나르는 일을 감독할 재목경차관(1477)을 파견하거나,[217] 신주목작벌경차관(1493)을 파견하였다.[218] 그리고 의 례용 임산물인 왕족의 재궁으로 쓸 황장목을 베어 나르는 일을 감독 할 황장목경차관(1541)을 파견한 기록[219]을 참고했을 때, 율목경차관 은 16세기 초중반부터 활동하였을 것으로 추정한다. 이러한 추정은 율목경차관을 기록한 묵재 이문건의 일기(1552)[220]와 미암 유희춘(柳 希春)의 일기(1574)[221] 내용이 뒷받침한다.

봉상시에서 율목경차관을 주기적으로 파견한 것은 언제부터였을 까? '율목경차관 사목'의 규정에 따라서 율목경차관을 파견한다는 1705년 『비변사등록』을 참고하면, 조정에서 경차관을 파견한 것은 17세기 후반부터라고 추정할 수 있다. 이후 율목경차관의 파견은 법 제화되어, 『속대전』(1746) '율목소산처' 항에 파견 방법을 다음과 같 이 규정하고 있다.

> "봉상시에서 밤나무가 생산되는 곳에 경차관·벌철관을 파견하고, 영남에서는 식년(式年)에 한 번씩 가져오고, 호남과 호서에서는 식 년마다 돌아가면서 교대로 취하게 한다. 강원도에서는 나라에서 쓸 것이 부족할 때 간혹 따로 베어 온다."[222]

하지만 '율목경차관 사목'에 따라 파견된 율목경차관은 수시로 민폐를 일으켰다. 1697년 충청도 율목경차관으로 파견 나간 봉상시

부봉사가 유독 한 고을에만 오래 머물며 밤나무를 벌채하여 곤궁한 백성에게 민폐를 끼치고,[223] 1732년에는 문관(文官)과 음관(蔭官) 신분으로서 뇌물을 수수한 율목경차관이 적발되었으며,[224] 1738년에는 각 읍에 끼치는 민폐로 율목경차관의 파견을 연기했다.[225] 이런 부조리로 인해 조정은 1843년 율목경차관 파견을 중단한다.[226]

『조계산송광사사고 산림부』에는 1830년 위판용 율목 조달을 위해 파견된 율목경차관과 범철관의 수행원이 모두 27명이라고 밝히고 있다.[227] 지방의 한 작은 읍에서 나라에서 필요한 위패용 주재 조달을 위해 파견된 30여 명의 체류에 필요한 접대를 책임진 폐해는 상상 이상이었을 것이다. 그래서 송광사에 보낸 율목봉산의 운영에 필요한 시행규칙인 '절목(節目)'에는 경차관 일행의 체류에 필요한 접대를 5개 읍에 나누어 배정하고, 각 읍에 배정된 접대 내용을 구체적으로 제시하고 있다.

300년 넘게 주재 조달을 위해 지속된 율목경차관 제도는 파견에 따른 폐해와 밤나무 자원 고갈로 1869년 철폐된다. 대신에 해당 도의 관찰사가 차사원(差使員)을 파견하여 밤나무 주재를 조달하였다.[228]

라. 율목경차관의 활동

율목경차관은 어떤 임무를 수행했을까?『춘관통고』에는 율목경차관의 밤나무 수급에 따른 채취 시기, 밤나무의 규격, 벌목 방법, 벌

목 후 다듬는 방법과 운반 방법을 규정하고 있다. 그 내용은 다음과 같다.[229]

"율목경차관을 10월 상순에 보내니, 관상감(觀象監) 소속 범철관을 지정하여 따라가게 한다. 사방 5치의 밤나무를 택하여 범철(泛鐵)로 남북을 정하고, 매 그루에는 정남(正南)을 쓰며, 소금물에 삶아 쓰고, 경차관의 직함은 성(姓)을 쓰고 서신을 붙여 봉표(封標)하고 도회관(都會官)에게 보내어 선박에 실어 납부하게 한다. 혹 배가 부서져서 그 수량을 채우지 못하면 다시 경차관을 정하여 문서를 관동(關東)으로 보내 베어 운반한다."

위 내용에 따르면 밤나무 주재 조달 시기는 주로 가을철에 이루어졌고, 벌목할 위판용 밤나무의 굵기는 사방 5~8치의 밤나무였다.

이 규정으로 보건대 율목경차관은 밤나무를 베고, 운반하고, 다듬고, 삶고, 포장하여 각도 집산지(도회관)로 운반하는 일을 감독하였음을 알 수 있다. 해당 군현에서는 하부 조직인 면과 마을[里]을 동원하여 율목경차관의 작업을 도왔다. 이 과정에서 관찰사가 관련 업무를 각 고을에 나누어 할당하였다.

3. 분작제에 의한
   밤나무 위판 조달

가. 밤나무 소산처(所産處)

조선 초기 봉상시는 위판용 밤나무 주재가 필요할 때마다 밤나무가 많은 곳에서 간헐적으로 벌목하여 조달하였다. 그 후 공납제도가 정착되면서 18세기 초엽까지 경상도와 전라도와 충청도의 읍별로 밤나무 목재를 분정(分定)하여 조달하였다. 도별로 밤나무 목재를 나누어 거둔 읍의 숫자는 경상도는 79읍 중 31읍,[230] 전라도는 57읍 중 42읍,[231] 충청도는 54읍 중 25읍[232]이었다.

나. 밤나무 벌채 주기와 벌채량

조선 중기까지 봉상시는 위판 제작에 필요한 밤나무 목재를 각 도에 할당하여 다시 각 읍에 분정하였다. 하지만 당시 정확한 벌채량은 확인이 어렵다. 각 도에 할당한 밤나무의 그루 수는 1690년 이전에 제정된 「율목작취규정(栗木斫取規定)」에 따라 결정한 것으로 추정된다.[233] 밤나무를 식년마다 벌목하는 규정은 1746년에 간행된 『속대전』에 나타난다.[234]

식년 벌목이 제도화되어 법전에 수록되기 이전에 식년 벌목이 기록된 시기는 1690년이다.[235] 『승정원일기』에 의하면 "1687년(정묘년) 식년에 벤 수량이 이미 수를 채우지 못하고 작년 2월에 벤 나무가 또 불타버려 약간 남아 있는 나무를 계속해서 쓸 길이 없어 앞으로 문제가 생기는 근심을 면치 못할 것이다"라며, 영남에서 벌목한 밤나무 그루 수를 242주라 밝히고 있다. 또 1723년(경종 3년)『승정원일기』는 충청도와 영남과 호남에서 벌목한 밤나무의 총계가 700주임을 밝히고 있다.[236] 이러한 내용을 참고하면 식년마다 각 도에서 조달하던 밤나무 벌목 그루 수는 17세기 후반에 이미 제정되었을 것으로 추정한다.

따라서 17세기 중엽까지는 주재가 필요한 경우에만 간헐적으로 율목경차관을 파견하여 밤나무를 조달하였고, 17세기 말경에 식년 벌목이 제도화됨에 따라 18세기 중엽에 편찬된 『속대전』에 식년 벌목 규정을 수록한 것으로 추정할 수 있다.

조선 후기에 편찬된 여러 법전에는 식년 벌목량에 관한 규정이 없지만, 1788년에 간행된 『춘관통고』에는 "영남은 400그루를 취하고, 호남과 호서는 식년마다 돌아가며 교대로 가서 300그루를 취한다"고 식년 주기와 작벌 그루 수를 명기하고 있으며,[237] 1867년에 배포된 『육전조례』에도 그 내용이 그대로 수록되어 있다.[238]

다. 나라의 율목 소요량 추정

나라에서 필요한 신주의 숫자는 얼마나 되었을까? 조선의 군현 숫자는 320여 곳으로, 종묘와 향교가 설치되어 있었다.[239] 충청도 목천의 위패 수는 전패 위판고의 18위, 향교의 18위 등으로 최소 36위 이상이었다. 경상도 금산에서 지낸 제사의 경우 5성위(星位), 16철위(哲位), 18현위(顯位)를 대상으로 하여 향교의 문묘에는 39위를 모시고 있었다.[240]

이 밖에도 과거시험을 보던 과장(科場)에도 위판이 봉안되었으며, 17세기에는 부패한 지방관을 쫓아내기 위해 지방민들이 벌인 '전패작변(殿牌作變)'이나 향교의 부정을 고발하기 위해 벌인 '위패작변'[241]을 처리하면서 훼손된 위패의 복구 수요도 늘어났다.[242] 조선 후기에 전란으로 훼손된 향교와 사직을 복구함에 따라 위판의 수요가 늘어났고, 그래서 각 읍의 분정과 식년 벌채가 제도화되었을 것으로 추정한다.

또한 18세기 이후부터 『주자가례』가 서민층까지 확대·보급됨에 따라 사대봉사(四代奉祀)가 정착되었고,[243] 그에 따라 늘어난 위패 수요도 무시할 수 없었을 것이다. 전란 후의 사직과 향교의 복구와

『주자가례』의 보급 등으로 늘어난 위패 수요는 계속 발생했다. 19세기 중반에도 제주 목사가 계성사(啓聖祠)를 새로 창건함에 따라 사당에 모실 다섯 분의 위판목을 요청했다.[244]

그렇다면 1년에 사용된 위패의 양은 얼마나 되었을까? 왕실에서 사용하는 위판과 나라에서 공신과 재신, 지방의 사직과 향교에 하사하는 위판목의 양은 물론이고 개인이 사용한 위패의 양을 확인할 수는 없지만, 식년에 300~400주는 필요했으리라 추정할 수 있다.

4. 봉산 지정(도작제)에 의한
   밤나무 위판 조달

삼남의 각 고을에서 조달하던 밤나무 위판은 18세기 초반에 이르면 충청도와 경상도에서 먼저 고갈 징후가 나타난다. 1720년『승정원일기』에는 "금년에는 경차관이 충청도와 경상도 두 도에 가야 하는데, (중략) 밤나무 생산이 매번 희귀한 고을을 배정하여 경차관이 한갓 날짜만 낭비할 뿐만 아니라 밤나무 재목의 품질이 좋지 않아 나라의 쓰임에 적합한 것이 아주 적다"고 밝히고 있다.[245]

조정은 1729년 전라도 구례 연곡사 주변의 산림을 율목봉산으로 지정하여 위판용 밤나무 목재를 조달하고자 시도하는 전라 관찰사의 장계를 승인한다. 이때부터 '기유정식'이라는 기본 원칙이 세워지면서 국용주재를 봉산에서 직접 생산하는 도작제(都斫制)가 본격적으로 시행되었다.

18세기 중반 이후에 연곡사 주변의 율목마저 고갈되자 밤나무가 무성한 경상도 하동 쌍계사 주변을 율목봉산으로 지정하여 위판용

연곡사 직전동 피아골 계곡의 율목봉표. 왼편에
진목봉계도 새겨져 있다.

밤나무 목재를 조달한다. 그러한 내용은 『춘관통고』에 반영되어 "무
릇 나라 안 단묘(壇廟)의 위판(位版)은 모두 봉산(封山)의 밤나무를 사
용한다. 봉산은 호남에서 구례 연곡사 동(洞)과 영남 하동의 쌍계동
(雙溪洞)으로 봉상시가 관장한다. 본시에는 예전에 율목봉산이 없었
다"[246]고 밝히는 내용과 부합한다.

한편 호남과 영남은 18세기 중엽에 도작제를 시행하였지만, 호
서는 분작제를 유지하고 있었다.[247] 그러나 식년 작취(斫取)의 영남은
쌍계봉산을 유지하면서 분작제를 병행했으며, 식년 사이마다 벌목
하던 호남과 호서는 도작과 분작을 함께 이용했다. 이는 각 지역의
율목 임상 특성이 반영된 결과였다.[248]

가. 도작제 운영 배경

18세기 초 위판용 밤나무 조달 제도가 분작제에서 도작제로 전환된 이유는 율목 고갈과 벌목 과정에서 발생하는 지나친 부담을 해결하기 위한 고육책이었다. 그 배경을 정리하면 다음과 같다.

첫째, 위판용 밤나무도 다른 임산자원과 마찬가지로 고갈됨에 따라 다량으로 질 좋은 주재를 구하기가 쉽지 않았다.

둘째, 위판용 밤나무를 분작제로 수급하는 과정에서 각 읍에 끼친 부담과 민폐로 인해 삼남 지역의 민심이 좋지 못했다.

셋째, 사찰의 노력으로 비교적 잘 보존된 남부지방의 사찰림을 율목봉산으로 설정하여 조정에서 직접 질 좋은 주재를 생산하여 호남과 영남 지역의 각 읍에서 분정으로 발생하던 부담과 민폐를 줄이고자 하였다.

넷째, 왕실은 호란 등의 전쟁으로 실추된 존엄과 권위를 조속히 회복하기 위해 전쟁과 소요 등으로 훼손된 지방 사직의 위패를 시급히 복원할 필요성이 있었고, 조정은 왕실에 부응하기 위해 원활한 조달책을 세울 필요가 있었다.

다섯째, 남부지방의 사찰들은 양반 권세가들이 사찰에 자행하는 침탈 행위를 막아야 했고, 산촌 주민의 남벌로부터 사찰림을 지키는 한편, 관에서 부여한 잡역을 줄이고자 사찰림의 봉산 지정을 자임했다.

나. 사찰림의 율목봉산 지정 과정

밤나무 자원이 고갈됨에 따라 전라 관찰사는 1729년 각 읍에 할당하여 주재를 조달하던 분작제 방식을 혁파하고 구례 연곡사 주변을 율목봉산으로 지정하여 주재를 조달하겠다는 장계를 올린다.[249] 하지만 십여 년 뒤, 봉상시는 1741년 연곡사 주변 율목봉산에서 조달한 위판이 어린 밤나무와 병든 밤나무까지 포함된 것을 확인하고 식년의 전례대로 전라도의 주재를 각 읍에 분정(分定)하여 가려서 베어 오도록 결정한다.[250]

4년 뒤, 봉상시는 연곡봉산의 주재가 질이 좋으니 연곡사 주변의 직전동을 율목봉산에 포함하고, 삼남의 읍에 율목을 분정하던 예를 혁파한다.[251, 252] 충청도와 경상도와 전라도의 각 읍에서 조달하던 질 좋은 주재를 더 이상 쉬 확보할 수 없었기 때문이다. 『조계산송광사사고 산림부』에도 율목봉산을 시행하기 이전에는 '주재를 삼남에서 벌목'하여 충당하였지만, 기존의 밤나무 생산지들이 모두 사라졌기 때문에 사찰 주변의 산림이 새롭게 율목봉산으로 지정된 이유를 밝히고 있다.[253]

율목 확보의 용이성과 도작제 운용의 유용성에 주목하였던 봉상시는 지리산 영남 하동부의 쌍계동을 1746년 새롭게 율목봉산으로 설정한다.[254] 이는 구례현의 연곡봉산만으로는 율목 수요를 감당하기 어려웠기 때문이다. 쌍계봉산은 연곡봉산과 마찬가지로 승려에게 수호토록 하고, 잡역 부담을 줄여 율목 생산에 전념하도록 했다. 1747년 쌍계봉산의 경계를 획정하고, 1748년에는 남한산성의 의승역(義僧役)도 면제하였다.[255] 그 밖에 1855년 연곡사와 쌍계사의 수해를 복구하는 데 필요한 재원을 확보할 수단으로 공명첩과 승첩 발급을 지원하기도 했다.[256]

다시 17년이 지난 후, 쌍계동 일대에서도 밤나무 재목의 확보가 쉽지 않자 1765년(영조 41년) 8월 조정에서는 전라도 영광현 영취산에

표 9. 사찰의 율목봉산 지정 시기

율목봉산 명칭	율목봉산 지정 및 혁파 시기의 출처
연곡사 동(洞)	- 1745년『승정원일기』영조 21년 11월 21일 기사에 기유년(1729)과 직전동 봉산 구역 확장 명기 - 한국학중앙연구원 '봉산' 자료에 연곡사 경계 획정
쌍계사 동(洞) (칠불사, 신흥사 포함)	- 1746년『승정원일기』영조 22년 율목봉산 후보지 물색 - 1748년『승정원일기』영조 24년 율목봉산 지정 교시 - 1750년 한국학연구원의 '봉산' 자료에 쌍계동 율목봉산에서 노목 생산지 제외
영취산	- 1765년『승정원일기』영조 41년 지정 - 한국학중앙연구원의 '봉산' 자료에 율목봉산으로 지정하고, 봉산의 예에 따라 승려들의 사역을 줄인다고 명시 - 1766년『승정원일기』영조 42년 현지 조사 결과 지정 취소
조계산과 백운산	- 1769년『승정원일기』영조 45년 지정 조사 - 1770년『승정원일기』영조 46년 봉산 경계 획정 - 1808년 선암사에서 신청했으나 경계 구역 내 밤나무 부실로 취소
송광사	- 1830년『승정원일기』순조 30년 봉산 지정

밤나무가 무성하다는 소문을 듣고 율목봉산의 지정 여부를 논의한다. 몇 달 뒤 12월에 구례 연곡봉산의 사례에 따라 영광의 영취산을 율목봉산으로 지정하고자 현지 조사를 실시하지만, 밤나무가 많지 않은 것을 확인하고 포기한다.[257]

그 이후에도 위패 제작용 주재를 확보하기 위한 봉상시의 노력은 계속된다. 1769년(영조 45년) 전라도 순천 조계산과 광양 백운산에 밤나무가 무성하다는 사실을 보고받고 봉산 지정이 합당한지를 논의한다. 이듬해 1770년 1월에는 이들 장소를 봉산으로 지정할 것을 고려하였으나, 1771년 봉산 지정을 포기한다.[258]

18세기 이후 사찰림을 율목봉산으로 고려한 기록은 1808년(순조 8년) 순천부 조계산의 율목봉산 지정 논의에서 찾을 수 있다. 당시 조계산의 봉산 설정은 선암사의 요청으로 진행되었지만, 경계 내 밤나무가 적은 이유로 봉산 설정 시도는 무산되었다.[259]

조계산에 대한 율목봉산 지정은 전라도 감사 조인영에 의해 다시 시도되었다. 1829년 가을 전라도 감사가 송광사의 조계산 기슭에 율목이 많음을 확인하고 봉산 설정을 조정에 제안함에 따라 봉상시는 그 보고를 토대로 조정에 봉산 지정을 요청한다. 이후 봉상시는 현장 조사를 거쳐 봉산 지정을 결정하고 운영 방안을 마련한다.[260]

5. 송광사 율목봉산의
지정과 운영

송광사의 조계산이 율목봉산으로 지정된 시기는 1830년이다. 『조계산송광사사고 산림부』에는 봉상시에서 전라 관찰사의 장계에 따라 밤나무 생육 현황을 확인하고 조계산 일대를 율목봉산으로 지정하는 한편, 절목(시행 규칙)을 만들어 해당 병영(兵營)과 수영(水營)과 진영(鎭營) 및 순천부의 수령에게 보내어 영구적으로 준행할 것을 요구하는 내용이 수록되어 있다. 봉상시에서 조계산을 율목봉산으로 지정한 이유와 절목, 봉산의 경계 등을 살펴보자.

가. 지정 절차

송광사 율목봉산의 지정 이유와 관리 운영 방법은 『조계산송광사사고 산림부』에 구체적으로 기록하고 있다. 이에 따르면 전라 관찰사는 봉상시에 연곡사의 율목봉산에서 3년마다 300그루를 베어내는

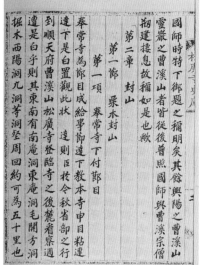

國師時特下御題之稱明矣其餘興陽之曹溪山
靈巖之曹溪山者皆從後普照國師與曹溪宗僧
胡建接息故稱如是也歟
第二章　封山
第一節　栗木封山
第一項　奉常寺下付節目
奉常寺為節目成給事節達下教本寺申目粘連
達下是白置觀此狀　達則正校令秋省部之行
到順天府曹溪山松廣寺登臨寺之後麓着縈週
遭是白乎則其東南有南庵洞東庵洞毛開方洞
掘木西陽洞九洞芋洞坌周回約可為五十里也

① 『조계산송광사사고 산림부』
② 산림부의 율목봉산 내용.
③ 송광사 율목봉산 업무 총괄 책임자인 총섭(總攝)의 장패(나무패).

것만으로는 재목의 쓰임이 충분하지 않기에 그 해결책으로 조계산 일대를 율목봉산으로 지정하기를 원한다는 장계를 올리고, 그 장계에 따라 봉상시는 왕세자에게 조계산의 율목봉산 지정을 요청하며, 조정에서는 왕세자의 이름으로 허가하였음을 밝히고 있다.

나. 송광사 율목봉산의 절목

봉상시는 송광사에 율목봉산의 운영에 필요한 절목을 이미 율목봉산을 운영 중이던 연곡사와 쌍계사의 절목을 참고하여 제시하는 한편, 그 절목 사본을 병영과 수영과 진영 및 순천부 수령에게 보내어 율목봉산의 운영에 차질이 없도록 지시한다. 17개 항으로 구성된 절목을 간추린 내용은 다음과 같다.

① 절목 사본을 병영, 수영, 진영, 본 고을의 수령들에게 보내 영구히 준행토록 한다.

② 연곡사, 쌍계사, 송광사가 함께 3년마다 돌아가면서 벌목하되, 봉표 안의 사찰과 민호는 봉상시에 이속시켜 밤나무의 보호와 양성에 힘쓰게 하며, 매년 500그루씩 심는다.

③ 봉상시에 이속시켰기 때문에 그 이전에 부과하던 감영, 병영, 수영, 진영, 본 고을 및 여러 상급 관청의 각 아문에서 부과하던 역을 면하고, 봉산 일에 전념케 한다.

④ 백성이 몰래 경작하던 곳은 밤나무 식재가 적당하면 밤나무를 심고 가꾼다.

⑤ 지방 양반과 백성들이 봉산을 훼손할 때는 황장목을 벌목한 죄와 같은 수준으로 엄하게 다스린다.

⑥ 무덤을 몰래 조성하거나 밤나무를 몰래 벌채할 경우 율로 논죄하고, 총섭이나 도별장이 옳게 다스리지 못하거나 부정행위를 할 경우 귀양을 보낸다.

⑦ 총섭과 율목 도별장은 봉상시에서 차출하고, 인신과 장패를 주어 봉산의 모든 일을 함께 입회하여 수행하며, 기타 업무는 사찰의 주지와 도내 승통이 남한·북한산성 총섭의 예에 따라서 한다.

⑧ 절의 승려 중에서 도산직을 정하고, 규정에 따라 단속하며, 마을 주민 중 패산직을 차출하여 함께 조사와 보호 업무에 임한다.

⑨ 화전 경작은 때마다 조사하고, 세금을 거둔다.

⑩ 봉산에 밤나무 식재는 승려와 백성이 맡아서 하고, 매년 차감을 보내 관리 감독하는 한편 격려한다.

⑪ 패산직은 총섭과 별장이 상의하여 정하여 보고하면 봉상시에서 뽑는다. 차감은 산직의 게으름, 총섭과 별장의 게으름도 본사에 보고한다.

⑫ 봉산 일에 종사하는 이는 영문과 본관이 부여하는 군역과 사역을 면하고, 어기면 법률에 따라 엄중히 처벌한다.

⑬ 율목경차관에 대한 밤나무의 벌채 준비 및 대접은 감영에서 나누어 거행하고, 경차관, 범철관의 가마꾼, 밤나무 벌채 운반과 치목, 삶는 일, 포장, 포구로 운반 등 사역에 동원되는 모든 일은 봉표 안의 승려와 백성들에게 책임 지울 수 없으며, 본관에서 다른 군과 면에 배정하여 시행한다.

⑭ 산지기들의 근면 정도를 4등급으로 보고한다.

⑮ 승도를 모집하고, 다른 절로 도망간 자는 찾아서 데려와 봉산 관리에 임하게 한다. 다른 도의 승려로서 봉산 안으로 들어온 자는 머물게 하며, 못 데려가도록 하고, 신역(身役)이 있으면 그 역시 면해준다.

⑯ 절목 반포 후에는 봉산 안의 승려와 백성의 부역을 즉시 면제한다.

⑰ 다른 봉산의 예에 따라 혹은 규례에 따라 매년 4월에 대장지(大壯紙) 5속, 장지(壯紙) 30속, 후백지(厚白紙) 50속을 제조하여 계속 바친다.

다. 송광사의 승역 감면

봉상시는 송광사에 조계산 율목봉산의 관리를 맡기는 한편, 반대급부로 송광사가 지고 있던 다양한 잡역을 감면해주었다. 송광사가 감면받은 잡역의 종류는 현금, 현물, 노동력으로 나눌 수 있다. 현금으로는 감영의 인출전(인쇄비), 지소(紙所) 물레방아 운영 경비, 병영의 계전(禊錢), 방풍전(防風錢), 진영의 정전, 하급 관속에게 바치는 예납전, 수영의 예급전이 있으며, 부채와 대바구니 상납의 대전, 각종 정전 그리고 승번전(僧番錢) 등이 있다.

현물은 주로 관련 기관이나 기관의 관속들에게 예급으로 지급하던 물품들로, 음식류와 약재류, 의료류, 목재류, 수공 제품류 등이다.

노동력은 전문 기술력과 단순 노동력 징발 두 가지 형태였다. 전문 기술력의 형태는 인출승(印出僧), 도배승(塗褙僧), 목수승(木手僧), 각수승(刻手僧), 화공승(畫工僧), 개와장(蓋瓦匠), 번와장(燔瓦匠), 향반승(香盤僧) 등 전문 기술을 가진 승려의 차역(差役)이고, 그 밖에 공궤승(供饋僧)이 있으며, 간장이나 된장, 들기름 등의 식재료를 만드는 기술과 노끈 그리고 제지 기술 등이 있다. 단순 노동력은 의승을 비롯하여 가마꾼 등 육체적 노동력을 징발하였다.

라. 조계산 율목봉산 구역과 밤나무 생육지

조계산의 율목봉산은 사표(四標)를 설치하여 그 경계를 표시했다. 사표는 지경동(地境洞), 외문치(外蚊峙), 당현(唐峴), 오도치(悟道峙)에 설치하였다.

- 지경동: 송광사와 선암사의 경계를 나누는 장소로, 오늘날 장막

동(장박골) 계곡(장안천 상류) 오른편의 보리밥집 부근이다.

- 외문치: 문치는 오늘날의 문재이고, 외문치는 송광사에서 봤을 때 문재 바깥의 장소로 추정된다.
- 당현: 이읍촌 뒤 당집이 있던 고개로 추정된다.
- 오도치: 오늘날의 오도재로, 신흥리에서 접치로 넘어가는 고개이다.

율목봉산 내 밤나무 생육지는 모개방동(毛開方洞), 실상동(實相洞), 홍동(洪洞), 굴등동(窟嶝洞), 동암동(東庵洞), 병항동(甁項洞), 굴목동(屈木洞), 피액동(避厄洞), 위천자암동(圍天子庵洞), 흑동(黑洞), 진천자암동(眞天子庵洞), 인구동(人求洞), 고전동(苽田洞), 서운동(捿雲洞), 조계암동(曹溪庵洞), 서양동(西陽洞), 보조남암동(普照南庵洞), 청채동(靑菜洞), 법당후동(法堂後洞), 사대동(寺垈洞)을 제시하고 있다. 한자로 표기된 이들 옛 장소를 확인한 결과 대부분 장소는 송광사를 둘러싸고 있는 주맥 내의 내산 지역 골짜기에 있었고, 사대동, 진천자암동과 같은 오직 소수 장소만이 외산 골짜기에 있었다.[261]

마. 관리 감독과 밤나무 식재

봉상시는 송광사에 율목봉산의 업무를 총괄하는 책임자인 총섭(總攝)을 임명하고, 관인(官印)과 장패(나무패)를 하사하여 인허가 업무를 관할하게 하였다. 오늘날 이 관인과 장패는 송광사 박물관에 수장되어 있다.

『조계산송광사사고 산림부』에는 총섭의 직함은 수록되어 있지만, 율목도별장으로 임명된 인물은 찾을 수 없었다. 실제로 패장이 율목도별장을 대신해 모든 일을 총괄하였다. 따라서 '총섭-패장-도산직(승려)-패산직(주민)'의 지휘 체계로 밤나무 식재와 보호와 관련된 업무를 진행하였다.

밤나무 식재는 봉산 안에 있는 화전에 밤밭(율전)을 조성하는 방식으로 진행되었으며, 조계산에 매년 밤나무 500그루를 심었다. 밤나무의 식재 작업은 송광사의 승려와 백성이 맡아서 수행하였고, 중앙 관서에서는 매년 차감(差監)을 식재 감독으로 파견하였다.

6. 송광사 율목봉산의
위판 제작

『조계산송광사사고 산림부』에는 송광사 율목봉산에서 이루어진 세 차례의 주재 벌목 과정을 기록하고 있다. 그 내용은 1) 벌목하여 생산한 위패의 종류와 숫자, 2) 작업 기간, 3) 율목경차관의 파견에 따른 접대를 담당하는 읍, 4) 밤나무 벌목, 치목과 위판 제작, 운반 과정에 필요한 인력 동원의 내용 등이 담겨 있다.

식년 벌목은 3년마다 시행되었지만, 『조계산송광사사고 산림부』에는 1830년, 1861년, 1899년의 기록만 있다. 따라서 조계산 율목봉산에서 이루어진 주재 벌목이 단 세 차례만 이루어졌는지, 아니면 일부 기록만 수록되었는지는 확인할 수 없다.

가. 제작된 주재의 종류와 숫자

위패용 주재는 국용 위판과 공신(功臣)과 재신(宰臣)과 향교 등의 제례

표 10. 송광사 조계산 율목봉산에서 이루어진 시기별 주재 벌목

시기	1830년 벌목	1861년 벌목	1899년 벌목
생산 주재 숫자	- 국용 40주 (가로세로 6촌) - 위판목 20주 (가로세로 8촌) - 기타 240주	- 국용 40편 (가로세로 6촌) - 위판목 20편 (가로세로 8촌) - 기타 262편	- 위판목 12주 (가로세로 8촌)
주재 선목 조건	- 결이 바르고 곧은 것 - 심통과 백변 제거	- 결이 고르고 곧은 것 - 심통과 백변 제거	- 결이 순하고 고르며 세밀한 것 - 심통과 백변 제거
작업 기간		9/28~10/8	8/16~8/23
경차관 및 범철관		경차관 봉상시 주부 류용함, 범철관 이형모, 서리 지형식	차관 (임시 파견 관리)
접대 담당 읍	낙안, 흥양, 보성, 동복, 순천 5읍	광주, 능주, 화순, 곡성, 광양 5읍	순천, 낙안
총섭		성민	수현
패장		의잠, 지찬	하담, 지현
동원 인부[262]	93명	224명	123명

에 사용할 위판목으로 따로 만들었다. 국용 위판은 가로세로 6촌의 넓이로 준비되었으며, 공신과 재신과 지방의 향교 등에 사용될 위판목은 가로세로 8촌의 넓이로 제작되었다. 주재의 선목 기준은 나무의 결이 바르고 치밀하며, 곧은 것이었으며, 옹이(심통)와 변재(백변)를 제거하여 제작하였다.

1830년의 벌목은 국용 위판 40주와 위판목 20주와 나머지 위판

240주를 제작하기 위한 벌목이었고, 1861년의 벌목은 국용 위판 40편과 위판목 20편, 기타 240편을 계획하였으나 예비로 더 제작하여 모두 322편을 위한 벌목이었다. 1899년 벌목은 위판목 12주를 급하게 제작하는 벌목이었다.

나. 작업 기간

『조계산송광사사고 산림부』에는 1861년과 1899년의 주재 벌목 작업과 위판 제작 기간이 기록되어 있고, 1830년의 주재 벌목 기록에는 구체적인 작업 내용과 기간에 관한 내용이 없다. 1861년의 벌목 작업과 제작 과정에는 총 11일(음력 9월 28일부터 10월 8일까지)이 소요되었다. 1830년의 주재 벌목과 위판 제작 과정은 1861년과 생산량이 동일했기에 작업 기간도 비슷했을 것으로 추정한다.

1899년 주재 벌목의 경우는 봉상시의 시급한 요구에 의해 한정된 위판목을 생산하고자 22그루를 벌목하고, 그중에 적합한 12그루를 위판목으로 제작하는 데 8일(8월 16~23일)이 소요되었다.

다. 율목경차관의 파견

『조계산송광사사고 산림부』에는 1830년에 주재 벌목에 참여한 율목경차관과 범철관의 이름을 확인할 수 없다. 1861년 송광봉산에서 이

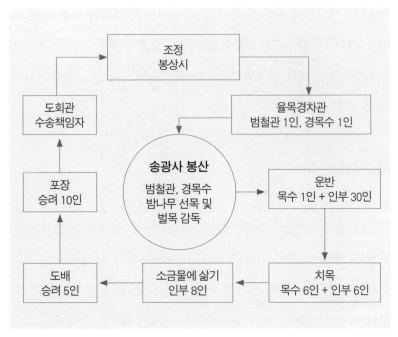

송광사 율목봉산에서의 율목 벌채 과정.

루어진 주재 벌목을 위해 조정은 율목경차관으로 봉상시 주부 류용함을, 범철관에 이형모를, 서리에 지형식을 파견하였다. 1899년의 주재 벌목에는 율목경차관 대신에 차관이 감독으로 파견되었는데, 이는 1869년 율목경차관 파견 제도를 폐지했기 때문이다.

봉상시는 율목경차관의 파견을 위해 밤나무 벌목과 주재 제작에 동원할 인부의 내역과 함께 주재를 포장할 때 필요한 물품과 각 읍에 배정한 내용을 정리하여 문서로 통지하였다. 봉상시는 9월 순천부에 벌목할 밤나무 포장에 필요한 물품을 준비하도록 미리 지시한

후, 율목경차관 일행을 송광사로 파견하였다.

전라도 감사는 율목경차관이 송광사에 체류할 때 필요한 물품과 음식을 연곡사의 예에 따라 준비했으며, 가마꾼도 각 읍에 배정했다. 경차관이 송광사에 체류할 시 필요한 물품은 땔감, 말꼴, 그릇, 하인들이고, 주재를 만드는 데 필요한 물품은 소금, 종이, 끈 등이다.

송광사에 파견된 경차관 일행은 경차관을 비롯해 범철관, 봉상시의 서원(書員)과 하례(下隷, 막일꾼) 등 총 27명이었으며, 일행이 이용한 기마, 대마, 농마도 8필이나 되었다. 경차관과 관상감을 수행한 인원과 보종(步從)하는 인원수와 마필의 수는 다음과 같다.

○ 경차관 수행 인원: 총 17명
- 서리 1명, 영리 1명, 마두 1명(각각 기마 1필)
- 경목수 1명, 반당 1명, 역리 1명, 병방 1명, 노자 1명
- 대마 1필, 농마 1필, 문서 싣는 말 1필, 비 막는 도구 싣는 말 1필, 짐 싣는 말 1필(모두 마종이 있음)
- 좌견보종 1명, 마전보종 2명, 일산서자 1명, 후배서자 1명, 보종 3명, 농문서지기 1명

○ 범철관 수행 인원: 총 8명
- 대마 1필, 농마 1필
- 노자 1명, 서자 1명, 일산서자 1명, 좌견 1명, 마전보종 2명, 후

배보종 2명

라. 경차관 일행의 접대를 담당한 각 읍

주재 벌목에 참여하는 경차관 일행의 체류 기간은 상당히 길었다. 율목경차관 일행이 주재 벌목을 위해 송광사로 향함에 따라 이들의 식사와 생활에 필요한 물품을 제공[支供]할 필요가 있었다. 따라서 한두 읍이 아닌 인근 여러 읍에서 부담을 나누었다. 호남 지역에서는 전라도 감사가 이러한 일을 배분했다.

1830년 벌목의 경우를 보면, 전라도 감사는 경차관 일행 32명을 맞이할 준비를 순천 등 5개 읍에 배정하는 한편, 음식과 필요한 물품을 제공할 읍을 경차관에게 알렸다. 경차관은 벌목 작업 기간이 불확실하여 각 읍이 3일 동안 순번을 정해 접대하도록 정하고, 통고받은 날짜에 송광사에 와서 대기하도록 했다. 감사와 경차관은 벌목 작업 내용을 공유하고 다른 지방관들에게도 관련 내용을 통보했다. 최소한 5개 읍의 지방관들이 감사와 경차관 양쪽에 업무 연락을 취했다.

1830년의 경우에는 낙안, 흥양, 보성, 동복, 순천 5개 읍이 돌아가며 접대하였고, 1861년에는 광주, 능주, 화순, 곡성, 광양 5개 읍이 지공을 담당했다. 1899년의 경우에는 작업 물량이 적고 작업 기간도 짧았기 때문에 순천과 낙안 2개 읍에서 담당했다.

마. 동원 인부와 조달 물품

1830년 주재 생산에는 벌목과 위판 제작에 44명, 도배군과 결척군 15명, 보조 일꾼과 재목을 삶는 일꾼 14명과 범철관의 가마꾼 20명까지 포함하여 모두 93명의 인부가 참여했다. 1861년의 주재 생산에는 벌목에 52명, 벌목한 나무를 운반하는 데 37명, 제작된 주재를 낙안까지 운반하는 데 135명 등 총 224명의 인부가 참여했다. 1899년의 주재 생산에는 벌목 10명, 운반 80명, 삶기 15명, 운반 18명 등 총 123명의 인부가 참여했다.

밤나무를 위판목으로 다듬고 포장하는 과정에서 필요한 인력과 물품 조달은 다음과 같이 진행되었다.

① 밤나무를 다듬은 후 소금물에 찌고 삶는데, 1그루를 삶는 데 3되의 소금이 필요하며, 총 6석의 소금을 순천과 광양에서 수납했다.

② 나무를 찌고 삶는 일꾼과 급주군(연락 심부름꾼)은 봉표 안의 백성이 담당했다.

③ 나라에서 사용할 위판 40주는 넓이[方] 6촌(寸)으로 다듬었으며, 위판목 20주는 옹이를 제거하고 백변을 방 8촌으로 다듬었다.

④ 밤나무를 포장할 때 필요한 여러 용품은 각 읍에서 준비하고, 순천읍으로 수송하도록 했다.

⑤ 포장할 때 필요한 용품은 송광사에 납부되었으며, 송광사는 봉산을 수호하는 사찰로서 물품을 모으는 역할을 담당했다. 한편 순천부도 이 역할을 일부 담당했다.

밤나무 한 그루를 도배하고 포장하는 데 필요한 종이는 백지 4장씩 60속, 두꺼운 종이 3장씩 45속, 기름 먹인 포장지 2장씩 30속이었다. 그 밖에 300그루의 포장에는 짚으로 엮은 자리 1닢씩 300닢(길이 3척, 넓이 2척 5촌), 가는 끈 4파씩 1,200파, 중간 끈 5파씩 1,500파, 밀가루 1말 5되가 준비되었다.

1830년 주재 조달을 위해 각 읍에 분배된 포장용 물량은 다음과 같다.

- 남원: 백지 15속, 자리 90닢, 두꺼운 종이 15속, 가는 끈 300파, 기름 먹인 종이 9속, 중간 끈 500파
- 순천: 백지 15속, 자리 90닢, 두꺼운 종이 15속, 가는 끈 300파
- 광양: 백지 10속, 자리 45닢, 두꺼운 종이 5속, 가는 끈 200파, 기름 먹인 종이 4속, 중간 끈 200파
- 구례: 백지 10속, 자리 40닢, 두꺼운 종이 5속, 가는 끈 200파, 기름 먹인 종이 4속, 중간 끈 100파
- 곡성: 백지 10속, 자리 45닢, 두꺼운 종이 5속, 가는 끈 200파, 기름 먹인 종이 4속, 중간 끈 200파

전체 합계는 백지 60속, 자리 315닢, 두꺼운 종이 45속, 기름 먹인 종이 21속, 중간 끈 1,000파, 가는 끈 1,200파이다.

7. 맺음말

성리학적 통치 이념으로 국가를 운영하던 조선 왕실과 조정은 위패 제작용 밤나무 목재(위판)의 원활한 조달을 왕실의 위신이나 권위와 관련된 일로 인식하였기에 위판 조달에 각별히 신경을 썼다. 그래서 조선 초기부터 각 지방에서 공납으로 밤나무 목재를 조달하였다. 그러다가 인구가 늘어나고 제향에 필요한 위판목의 수요가 증가함에 따라 공납으로 조달하던 밤나무 위판목은 충청도, 전라도, 경상도의 각 읍에 배분하여 위판목을 조달하였다. 이른바 분작제이다.

하지만 임산자원 고갈이 심화한 18세기부터 위판목을 조달하기가 점점 어려워진다. 호서와 영남과 호남지방의 밤나무 자원 고갈로 식년마다 조달하던 밤나무를 더 이상 쉽게 구할 수가 없었다. 그래서 대안으로 제시된 방법이 도작제로, 남부지방의 사찰림을 율목봉산으로 지정하여 한 곳에서 위판을 조달하고자 시도하였다.

조선 조정이 1729년부터 1900년 초반까지 사찰림을 율목봉산으로 지정하고 그 관리를 사찰에 맡길 수밖에 없었던 이유는, 밤나무가 고갈된 다른 곳에 비해 사찰 주변에 밤나무가 비교적 풍부했기 때문이다. 또한 개개 사찰이 태실(胎室) 수호사찰이나 사고(史庫) 수호사찰로 지정된 사례처럼, 사찰마다 물적·인적 자원의 확보가 용이하고, 그런 업무를 감당할 만한 관리 경험을 보유하고 있었기 때문이다. 사찰 역시 사찰림이 율목봉산으로 지정되면 사찰림 보호, 승역 감면 등의 반대급부가 있었기에 봉산 획정에 적극적이었다.

조선 말까지 계속해서 왕실이 율목을 조달할 수 있었던 배경에는 수백 년 동안 동일 업무를 담당한 봉상시가 존재했고, 현장에 파견하여 관련 업무를 총괄 감독하는 율목경차관 제도가 유지되었으며, 주기별 식년 벌채 등이 지속되었기 때문이다. 이러한 제도적 규범은 조선재 같은 국용재 소나무 조달과는 궤를 달리하였기에 율목 조달은 지속될 수 있었고, 조선재 조달은 지속되지 못했다고 거칠게 정리할 수 있겠다.

4장

향탄(香炭)

향탄은 능(陵)·원(園)·묘(墓)의 향불을 피우는 데 쓰이는 숯이다.[263] 조선시대 성리학적 통치행위에 있어서 조정에서 왕족의 유택인 능·원·묘에 쓸 숯과 제향(祭享) 경비를 안정적으로 조달하는 일은 왕족용 관곽재 조달을 위한 황장목이나 위패 생산에 사용된 밤나무(주재)의 조달만큼이나 중요하였다. 그래서 조정은 왕이나 후궁, 왕자 등의 장례가 끝나면 해당 능이나 원묘의 관리, 각종 제사, 능침 수호군의 유지에 필요한 비용을 마련하기 위하여 위전(位田)과 함께 향탄산(香炭山)을 나누어주었다.

향탄산은 위전과 비슷한 기능을 갖기 때문에 향탄위산(香炭位山)이라고도 불리었다.[264, 265] 18세기 말에 이르면 능침 외에 각궁(各宮)에도 향탄산을 나누어주기 시작한다.[266]

1. 능원의
   향탄산

가. 향탄산 선정의 주관 부서와 절차

능원(陵園)의 향탄산 획정은 예조(禮曹)에서 주관하였다. 『속대전』 공전(工典) 시장(柴場) 조에는 향탄산의 지정 절차를 "각 능침의 향탄산은 능관이 적당하다고 인정되는 곳을 보고하면 임금이 그중에서 정하고 표목을 세운다"고 명시하고 있다.[267] 『대전통편』에도 동일한 내용이 수록되어 있다. 법전에 능원 관리에 필요한 재원의 충당 수단으로써 복수의 향탄산을 예조에서 추천하면 조정에서 적당한 곳을 선정하는 과정을 따르고 있다.

향탄산은 도벌과 남벌은 물론이고 경작과 목축도 엄격하게 금지한다. 그러한 임무를 수행하기 위해 향탄산에는 병역 복무 대신에 회와 숯을 바치는 군정으로 향탄군을 배정하였다. 향탄산 주변의 주민들은 임산 부산물(낙엽 등)을 채취하거나 산지를 화전으로 개간할 수 있는 권리를 부여받는 대신에 향탄산의 목재를 벌채하여 숯을 구워 바치는 의무를 부과하였다.

향탄산의 획정은 한 번의 논의로 끝나지 않았다. 『영종대왕국휼등록(英宗大王國恤謄錄)』 '건(乾)'에는 1776년 3월 5일 승하한 영조의 초상(初喪)부터 연제(練祭)까지 국상 절차를 자세하게 기록하고 있다.[268] 이 등록에 기록된 왕릉의 향탄산 선정 과정은 다음과 같다.

> "원릉 수릉관 은언군(恩彦君) 인(裀)이 향탄산으로 할 곳을 둘러보고 경상도 청도 운문산사(雲門山寺)로 잡고 위전으로 할 곳은 같은 도 거제 구조라포(舊助羅浦)로 잡아서 보고함. [조정에서 우선] 본도 감사한테 형편을 살펴보게 한 다음 결정하는 것이 좋다는 뜻으로 아룀." (1776년 8월 11일)
>
> "수릉관 인이 원릉 향탄산으로 쓸 땅을 청도군 운문산사 등으로 정했다고 보고함. 원릉 향탄산으로 할 곳을 다시 검토하여 같은 도 고성 욕지도가 적합하다는 회답을 내려보냄." (1776년 11월 11일)
>
> "비변사에서 통제사가 보고한 바에 따라 향탄산으로 정한 경상도 고성현 욕지도가 통영의 봉산처이므로 수릉관에게 강조하여 천천히 합당한 곳을 망정해야 한다고 아룀." (1777년 2월 4일)
>
> "수릉관 은언군 인이 원릉 향탄산으로 마땅한 곳을 널리 돌아보고 전라도 남원 내외산과 광양현 백운산을 타량하여 진정하였다고 보고함. 이에 수릉관이 상청한 바에 의거하여, 해당 지방관에 속히

타량하게 한 후 어람용으로 성책할 것을 아룀." (1777년 2월 22일)

위 내용을 정리하면, 임금이 승하하고 5개월 후부터 원릉의 향탄산을 찾기 시작했으며, 그 대상지를 처음에는 청도 운문산을 고려했지만 최종적으로는 1년여 만에 남원 내외산과 광양 백양산으로 선정하는 과정을 일자별로 밝히고 있다. 이 등록을 통해서 조선시대 능원 향탄산의 선정 과정은 해당 대상지가 조선재와 같은 국용재 생산지 여부를 판단하는 조사와 심의 절차가 존재했음을 확인할 수 있다.

나. 능원별 향탄산의 위치

향탄산의 위치는 1대 태조에서 21대 영조 대까지 능원에 향탄산을 나누어준 내용이 『춘관통고』[269]에 수록되어 있다. 『춘관통고』에는 왕과 왕후의 능침은 물론이고 추존왕의 능침 향탄산까지 수록되어 있지만, 폐왕이 된 연산군과 광해군의 묘에는 배정한 향탄산이 없다.

『춘관통고』에 수록된 1대 태조의 건원릉에서 20대 경종의 의릉까지 역대 왕과 왕후의 능침 향탄산은 주로 근기(近畿)에 있었다(〈표 11〉 참고). 특히 "양주(楊洲)에만 향탄산 13처(處)"가 있다는 기록[270]처럼 한양과 가까운 천마산, 불묵산, 태현산, 박달산, 청계산, 노적산, 송압산, 수락산, 비령산 등이 능원의 향탄산으로 배정되었다.

19대 숙종(재위 1674~1720)의 명릉과 원비 인경왕후의 익릉까지 능원의 향탄산은 대부분 한양과 가까운 곳에서 구했지만, 예외적으로 경기도가 아닌 강원도에서 구하기도 했다. 대표적으로 4대 세종과 소헌왕후의 영릉과 17대 효종과 인선왕후의 녕릉의 향탄산은 원주에서 구했고, 6대 단종의 장릉 향탄산은 영월과 가까운 정선과 평창에서 구했다. 영릉과 녕릉의 경우 능침이 있는 여주는 향탄산이 있는 원주와 지리적으로 가깝고, 영월의 장릉 역시 정선과 평창의 향탄산과 멀지 않은 거리에 있다.

그러나 20대 경종(재위 1720~1724)의 의릉 향탄산은 강원도 이천부(伊川府)의 서상면에서 토지 24결로 대신하고 있다. 그리고 21대 영조와 계비 정순왕후의 원릉은 경상도 고성에서, 정성왕후의 홍릉은 강원도 평강의 화전 24결을 향탄전으로 배정하고 있다. 계속하여 융릉(사도세자, 장조의 현륭원)의 향탄산은 원주에서 전라도로 옮겨 가고,[271] 19세기 초에 조성된 22대 정조와 효의왕후의 건릉 향탄산은 전라도 영양군 군서면 월출산 일대와 강진현 팔등면에서 구했으며,[272] 1830년에 조성된 효명세자(후에 문조로 추존)의 연경묘 향탄산은 경주 함월산[273]에서 구하는 한편, 추후 수릉으로 추존된 후에는 충청도 서산 평신진의 공한지 논을 향탄전으로 배정하고 있다.[274]

능침에 향탄산 대신 향탄전만 배정하는 일은 19세기에도 계속된다. 23대 순조와 순원왕후의 인릉 향탄산은 강화의 길상목장(吉祥牧場)을 배정[275]하였으나, 지속해서 향탄세 부족을 호소하여 안면도의

표 11. 능원별 향탄산의 위치와 해당 사찰

代	왕	비	능명	향탄산 위치와 규모, 향탄군 배정 숫자 및 (위전)	비고
1대	태조		건원릉 (健元陵)	在楊州天磨山, 周廻二十五里(756*ha*).[276]	
		신의왕후	제릉(齊陵)	在豊德府, 周廻二里許(4.8*ha*), 元無起耕收稅之事. 香炭軍七十名, 收納炬炭.	개풍 대련리
		신덕왕후	정릉(貞陵)	포천 수원산	
2대	정종	정안왕후	후릉(厚陵)	在本府北面, 周廻十里(121*ha*). (位田八結六十卜)	북한
3대	태종	원경왕후	헌릉(獻陵)	在光敎山, 水原 · 龍仁 · 廣州交境, 周廻四十里 (1,936*ha*). 香炭軍三十名.	
4대	세종	소현왕후	영릉(英陵)	在原州康川面佛墨山, 周廻二十里(484*ha*). 香炭軍三十名.	
5대	문종	현덕왕후	현릉(顯陵)	在楊州天掛山. 英祖癸酉, 復定界限, 周廻三十八里(1,747*ha*).	
6대	단종		장릉(莊陵)	周廻二十里(484*ha*). 在旌善 · 平昌之境. 香炭軍六名, 分在旌善 · 平昌, (田十結)	
		정순왕후	사릉(思陵)	在永平風穴山	포천
7대	세조	정희왕후	광릉(光陵)	在楊州馬山, 周廻四十里(1,936*ha*).	
추존왕	덕종	소혜왕후	경릉(敬陵)	在廣州泰峴, 周廻十五里(272*ha*).	
8대	예종	계비 안순왕후	창릉(昌陵)	在楊州瓦孔面文吉山. 香炭軍二名	
		원비 장순왕후	공릉(恭陵)	在本州條里洞面雄谷, 長十里, 廣數里(700*ha* 내외). 香炭軍三十名.	
9대	성종	계비 정현왕후	선릉(宣陵)	在靑溪山, 廣州 · 果川交境.	
		원비 장순왕후	순릉(順陵)	在漣川國藪山, 周廻三十五里(1,482*ha*).	
10대	연산 군	거창군부인 신씨	연산군묘		

11대	중종		정릉(靖陵)	在廣州文峴山(수락산), 周廻三十里(1,089ha).	
		원비 단경왕후	온릉(溫陵)	在伊川草位面鶴峯山.	강원도
		계비 장경왕후	희릉(禧陵)	在楊州德朴嶺, 周廻十里(121ha). 香炭軍二十名.	
		계비 문정왕후	태릉(泰陵)	在楊州下道面孟谷, 周廻十里(121ha).	
12대	인종	인성왕후	효릉(孝陵)	在楊州·坡州交境, 周廻十里(121ha). 香炭軍十五名.	
13대	명종	인순왕후	강릉(康陵)	在楊州巨次里山·玅積山·車踰嶺三處.	
14대	선조	인인왕후	목릉(穆陵)	在本州率鴨山, 周廻二十七里(882ha).	
15대	광해군	문성군부인 유씨	광해군묘		
추존왕	원종	인헌왕후	장릉(章陵)	在楊州水落山, 周廻三里(10.9ha). 香炭軍二名	
16대	인조	인열왕후	장릉(長陵)	在坡州夏野山, 周廻十里(121ha). 香炭軍十五名.	
		계비 장렬왕후	휘릉(徽陵)	在加平朝宗面華嶽山, 長三十里, 廣十里(5,808ha).	
17대	효종	인선왕후	녕릉(寧陵)	在原州綿川面彌勒山, 周廻二十五里(756ha). 香炭軍五十名.	원주
18대	현종	명성왕후	숭릉(崇陵)	在加平朝宗面飛嶺山, 長二十里, 廣十三里(5,034ha).	
19대	숙종	인현왕후	명릉(明陵)	在抱川, 周回三十里(1,089ha), 瑞興縣香炭, (八十結十三卜)	
		인원왕후		在抱川, 周回三十里(1,089ha), 瑞興縣香炭, (八十結十三卜)	
		원비 인경왕후	익릉(翼陵)	在加平朝宗面栗吉里, 周回四十里(1,936ha).	
20대	경종	계비 신의왕후	의릉(懿陵)	在伊川西上面 (二十四結)	강원도
		원비 단의왕후	혜릉(惠陵)	在永平觀音山, 周回三十里(1,089ha).	포천

21대	영조	계비 정순왕후	원릉(元陵)	在固城縣於令浦, 周回三十里(1,089*ha*), (火田八十結)[277]	
		원비 정성왕후	홍릉(弘陵)	강원도 춘천 기린면→전라도 무주 적성산 에서 최종 강원도 (平康 火田二十四結)	
추존왕	장조	헌경왕후	융릉(隆陵)	在原州東, 周回三百十里(60,137*ha*).[278] 강원도 수주면, 우변면, 좌변면, (경상도 의성 玉山, 숩谷, 안평, 단촌 등 위전)	보림사[279]
22대	정조	효의왕후	건릉(健陵)	강진현 내면 등 8개 면(수전(水田) 43결)	
23대	순조	순원왕후	인릉(仁陵)	경기도 강화부 길상목장(吉祥牧場), (안면도 가경전, 강원도 강릉부 금광평)	
추존왕	문조	신정익왕후	연경묘 수릉(綏陵)[280]	경주 함월산 주변 3곳, 의성 옥곡암, 대구 팔공산. 충청도 서산 평신진(삼길산 공한지)	동화사
24대	헌종	원비 효현성왕후 계비 효정성왕후	경릉(景陵)	만경(萬頃), 김제(金堤), 부안(扶安) 세 고을 사이 (큰 들판 경작지)	
25대	철종	철인장황후	예릉(睿陵)	양향청(糧餉廳) 둔전(屯田)에서 (용인의 40결과 파주의 40결을 합한 80결)	
26대	고종	명성황후	홍릉(洪陵)	경상북도 예천군 용문면 내지리 용문산 전라남도 순천시 송광면 조계산(曹溪山) 巨濟田三處는 洪陵香炭封山[281]	용문사 송광사
27대	순종	원비 순명효황후 계비 순정효황후	유릉(裕陵)		

가경전[282]과 강릉부의 금광평(金光坪)[283]을 배정하였으며, 24대 헌종과 25대 철종의 능침은 향탄산을 구하지 못하고 향탄전만 배정하고 있다.[284, 285] 19세기 말에 조성된 명성황후(1851~1895)의 홍릉은 경상도 예천의 용문산, 전라도 조계산 일대의 사찰림을 향탄산으로 배정하

고 있다.[286]

일제강점기 1919년에 승하한 고종은 1895년에 시해된 명성황후의 홍릉에 합장한 까닭에 향탄산 배정 기록이 사찰에 남아 있지만, 1926년에 사망한 순종과 1904년에 사망한 원비 순명효황후와 합장한 유릉의 향탄산에 관한 기록은 없다.

다. 원거리 향탄산 배정 이유

조선 초기 능원의 향탄산은 주로 한양 인근에 1처 1산으로 배정되었지만, 조선 후기에 이르러 이러한 관행은 더 이상 지켜지지 못한다. 1739년 조성된 11대 중종의 원비 단경왕후의 온릉부터는 한양과 멀리 떨어진 강원도와 경상도와 전라도에서 향탄산을 구한다. 예조에서 원거리에 있는 향탄산을 배정한 이유는 능침 수효의 증가와 산림황폐가 심화하였기 때문이다.

능침의 향탄산을 원거리에 있는 다수의 장소에서 구할 수밖에 없었던 징후는 1675년 『승정원일기』에 나타난다. 태릉(泰陵)의 향탄산은 세 곳이지만, "장릉(章陵)과 창릉(昌陵)은 없으므로 태릉(泰陵) 향탄산 두 곳을 창릉과 장릉에 나누어 소속시키는 것이 마땅하고, 둘레를 십 리로 하자"는 예조의 제안에 숙종은 동의한다.[287] 이후에도 논의는 계속되어 향탄산의 크기에 따라 분묘(分廟)와 이릉(二陵)에 분속(分屬)시키거나 삼릉(三陵)에 분속시키고 있다.[288]

향탄산의 분리 배정 이유는 능침의 수효가 24기로 늘어나고, 능침과 가까운 고을에 향탄산으로 나누어줄 적당한 규모의 공산(空山)이 없었기 때문이다.[289] 설상가상으로 능침이 계속하여 한양 인근에 들어섬에 따라 이미 배정된 향탄산의 일부가 다른 능침의 안산(案山)이 되는 경우도 발생하여, 기존의 향탄산 대신에 다른 지역에서 새로 향탄산을 선정해야 할 상황도 발생한다.[290]

17세기 말에 이르러 향탄산을 배정받지 못하는 능·원·묘가 늘어나고, 그로 인한 문제가 현안으로 떠오르자, 조정은 기존의 향탄산을 나누어 활용하는 방안을 적극 모색한다. 향탄산으로 배정된 산허리 이상은 나누지 않는 대신에 넓은 산기슭을 나누어 향탄산이 없는 능침에 배정하는 방법을 모색하고,[291] 이를 위해 전체 능침의 향탄산 경계에 대한 점검이 1693년 일제히. 이루어진다.[292] 이 모든 일들이 능침이 늘어남에 따라 배정해야 할 향탄산을 한양 인근에서 구할 수 없었기 때문이다. 그래서 숙종은 "각 능의 향탄산은 산허리 윗부분[山腰山上]은 이전에 결정한 대로 분할하지 말고, 다만 산 아래 좌우 기슭에 크게 광점(廣占) 한 곳을 헤아려 처리하라"고 지시한다. 그래서 각 향탄산에 지방관과 함께 낭청을 나누어 보내 산기슭을 광범위하게 점유한 향탄산을 조사한 뒤에 경계를 분명하게 정하여 영구히 준행할 수 있도록" 예조에 지시한다.[293]

18세기에 이르러 향탄산 배정의 어려움은 심화한다. 1707년 인조의 장자 소현세자의 소현묘(소경원)의 향탄산이 민둥산으로 변한 기록[294]에 이어, 1719년 경종이 등극하기 전인 1718년(숙종 44년)에 세상을 떠난 단의왕후의 단의묘(후에 혜릉)는 향탄산이 배정되지도 않았기 때문에 대신에 향탄군을 배정해줄 것을 예조에 요청한다.[295] 이때부터 본격적으로 왕과 왕후가 아닌 왕족의 원과 묘에는 향탄산을 배정하지 못하고, 대신에 향탄군이나 향탄 위전(位田)을 배정하고 있다.

좀 더 구체적인 사례를 살펴보면, 효장세자의 효장묘는 향탄산 배정 대신에 향탄군 5명을 배정하고,[296] 의소묘와 순강원에 향탄산 대신에 전답을 배정하고 있다.[297] 이처럼 능침의 향탄산을 구하기가 어려워짐에 따라 조정에서는 "향탄(香炭)은 산(山)이라고 명명하고 원래 결급(結給)한 일은 없습니다. 무릇 향탄은 산이라고 명명하지만 본래 산을 향탄이라고 하지 않고 모두 전답을 향탄산이라고 칭합니다"라고 환기하면서, 여타 왕족이 묻힌 원과 묘에 향탄전 배정을 보편화한다.[298]

한양에서 멀리 떨어진 원거리에서 향탄산을 구해야만 하는 상황은 11대 임금 중종의 원비 단경왕후의 온릉 향탄산에서부터 나타난다. 단경왕후는 자식 없이 세상을 떠나 친정의 묘역에 묻혔다가 1739년 왕후로 복위된 후 온릉의 능호를 받았다. 『춘관통고』에는 온릉의 향탄산이 강원도 이천 학봉산으로 기록되어 있으며, 조선 후기의 관찬(官撰) 지도지 『여지도서(輿地圖書)』에는 강원도 이천부 학봉산에 향탄봉산이 병기되어 있다.[299] 『여지도서』에 수록된 향탄봉산은 현재까지 밝혀진 정부의 공식 기록상 향탄봉산이란 용어가 사용된 최초의 사례이고, 각 궁에서 사찰에 첩지로 발급한 완문에 기록된 향탄봉산보다 적어도 120년 앞선 기록이라 할 수 있다.

1739년 온릉의 향탄산 배정 이후로 지방에서 향탄산을 찾은 사례는 21대 영조와 계비 정순왕후의 원릉, 원비 정성왕후의 홍릉에서 계속된다. 홍릉은 강원도 춘천 기린면과 전라도 무주 적성산을 향탄

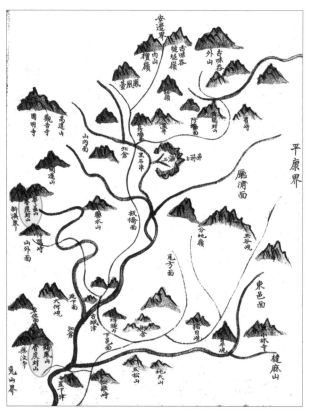

『여지도서』에 나타난 강원도 이천부의 향탄봉산(왼쪽에 동그라미 표시 참고).

산으로 고려하다가 최종적으로 강원도 평강현의 화전 24결을 배정하였으며,[300] 원릉은 경상도 고성의 어령포(於令浦) 둘레 30리를 배정하였다.[301] 17세기 말부터 18세기 중반에 나타난 향탄산 배정 현상은 그 당시 발생한 산림 황폐화와 궤를 같이한다.

19세기 중반이 되면 능침의 향탄을 찾는 일이 더 어려워진다. 1830년 요절한 효명세자의 연경묘(후에 수릉으로 추존) 향탄산은 1831년 경상도 경주와 의성에 배정되고, 그 당시에 경계로 새웠던 봉표가 지금까지 존재한다. 1855년(철종 6년) 효명세자가 문조로 추존되면서 연경묘를 수릉(동구릉)으로 이장함에 따라 강원도 홍천의 수철점(水鐵店)을 수릉에 소속시켜 향탄세를 거두는 방안을 고려하지만, 지방민들의 반대로 무산된다.[302] 또 경상도 가덕도 포구의 어장을 귀속시켜 세를 거두고자 시도하지만 역시 어민들의 반대로 포기한다.[303] 더 나아가 황해도 해주의 결성, 광석, 성동, 동강창 포구를 향탄에 귀속시키려고 시도하고 있다.[304]

1834년 조성된 순조의 인릉 역시 향탄산을 구하는 데 어려움을 겪는다. 인릉의 부족한 향탄을 보충하기 위해 다양한 시도가 있었지만, 그때마다 결과는 부정적이었다. 평안도 중화(中和) 동정리(東井里)에 있는 숙안공주방(淑安公主房)의 공한지(空閑地)에 관개시설을 넣어 개간한 후 향탄세를 거두는 방편을 모색하기도 하고,[305] 경상도 남해현의 금양산(禁養山)으로 지정된 금산(錦山)을 개간한 전답에서 향탄세를 부과하는 일도 시도하지만, 역시 반대로 무산된다.[306]

1849년에 조성된 헌종의 경릉은 향탄산을 구하지 못하고, 대신에 전라도 만경, 김제, 부안 세 고을 사이에 있는 큰 들판을 향탄전으로 배정한다.[307] 1863년에 조성된 철종의 예릉은 향탄산 후보지를 선정해달라는 예조의 요청이 있었지만[308] 적절한 장소를 구하지 못하고, 대신에 양향청(糧餉廳)의 둔전(屯田) 중 용인의 40결과 파주의 40결을 합한 80결을 배정하고 있다.[309]

명성황후가 묻힌 홍릉의 향탄산은 더 기구한 경우이다. 1895년(고종 32년) 명성황후가 일본에 의해 시해된 후 폐서인이 되었다가 다시 복위되고, 동구릉 내 숙릉(肅陵)이라는 능호로 산릉 공사를 시작하였지만, 고종의 아관파천으로 산릉 공사가 중단되었다. 그러다가 1897년 대한제국이 선포된 후 명성황후로 추존하여 '홍릉(洪陵)'이라는 능호로 청량리에 새로 능을 조성하기 시작하였다. 이때 예천 용문사의 용문산과 송광사의 조계산이 홍릉의 향탄봉산이었음을 뒷받침하는 자료가 사찰에 보존된 완문(完文)으로 확인된다. 1900년 청량리에 조성하던 홍릉에 대한 풍수적 불길론이 제기되어 현재의 남양주 금곡 홍릉에 새로운 산릉 공사를 시작하였으나 중단되었다. 홍릉은 고종이 1919년에 세상을 떠나자, 중단되었던 금곡의 홍릉 자리에 명성황후를 먼저 천장한 후 고종을 합장하여 능을 조성하였다.[310]

17세기 말부터 능침의 향탄산 배정이 한양 부근이 아닌 원거리의 지방에서, 1처가 아닌 다수 장소로, 18세기에는 산이 아닌 전지나 포구, 개간지, 어장, 사찰의 산림까지도 향탄 대상이 된 곤궁한 상황은 향탄세를 감당할 수 있는 울창한 산림을 더 이상 찾을 수 없었기 때문이다.

라. 능침별 향탄산과 향탄군의 규모

향탄산의 규모는 능침에 따라 달랐다. 『춘관지』에 따르면 독립된 산 전체를 향탄산으로 배정하거나, 산이나 지역 주변의 둘레로 향탄산의 경계를 규정했다. 그 밖에 향탄산을 배정하지 못한 경우에는 전답이나 화전을 배정하고 있다.

산 전체가 향탄산인 경우는 건원릉의 천마산, 헌릉의 광교산, 창릉의 문길산, 선릉의 청계산, 온릉의 학봉산 등으로, 향탄산의 크기를 둘레로 규정하지 않고 독립된 산 이름만 밝히고 있다. 반면 건원릉을 필두로 대다수의 능침은 향탄산의 크기를 주회(周回)로 표시하고 있다.

향탄산 둘레(주회)는 대부분 10리(121㏊)에서 40리(1,936㏊)의 범위로 배정되었고, 장조(사도세자)의 융릉(현릉원)만은 특이하게 둘레가 300리(60,000㏊)나 되는 큰 규모였다. 대부분 능침이 둘레로 향탄산의 규모를 나타내었지만, 8대 예종의 원비 정순왕후의 공릉 향탄산은 길이 10리에 폭 수리(數里)(700㏊ 내외), 16대 인조의 계비 장렬왕후의 휘릉 향탄산은 길이 30리에 폭 10리(5,808㏊), 18대 현종과 명성왕후의 숭릉은 길이 20리에 폭 13리(5,034㏊) 규모로 배정되기도 했다.

향탄산의 구체적 규모는 능지(陵誌)를 통해서도 확인된다. 『헌릉지(獻陵誌)』는 조선의 3대 태종(1367~1422, 재위 1400~1418)과 원경왕후(1365~1420)의 왕릉 축조에 관한 기록을 담고 있는데, 헌릉의 향탄산은 수원의 광교산이며 능침에서 40리 떨어져 있다고 밝히고 있다. 또한 향탄산의 경계는 서쪽과 남쪽은 수원 땅이고, 동쪽으로는 용인에 인접하고 북쪽으로는 광주에까지 이르며, 광교산의 금표 안쪽의 거리는 40리 정도라고 기록되어 있다.

현륭원(후에 융릉으로 추존)은 조선 22대 임금인 정조의 생부 사도세자와 그의 아내 혜경궁의 묘로, 정조 13년(1789)에 경기도 화성군 태안읍 안녕리로 옮긴 능침이다. 『승정원일기』에도 현륭원의 향탄산은 강원도 원주목 일대를 획급하였고, 그 규모는 강원도 수주면(동: 주천, 서: 치악, 남: 가리피 대치, 북: 횡성계 회치), **우변면**(동: 영월계 사금치, 서: 수주계, 남: 제천계 굴암, 북: 수주계 각림), **좌변면**(동: 평창계 사금치, 서: 우일계, 남: 우일계, 북: 횡성계), **가리파**(동: 우일계 송치, 서: 가리파치, 남: 제천계 사치, 북: 수주계 석남)로 광대한 지역이었다.[311] 『현륭원등록』에 밝힌 구체적 규모는 〈표 12〉와 같다.

능침에는 향탄산과 함께 향탄군도 배정하였다. 하지만 배정된 향탄군의 숫자는 능침마다 달랐다. 한 명도 배정하지 못한 능침이 있는가 하면, 2명이나 5명의 향탄군을 배정한 능침도 있고, 최대 70명의 향탄군을 배정한 향탄산도 있었다. 대체로 능침의 향탄산에는 15명에서 30명의 향탄군을 배정했다.

표 12. 현륭원 향탄산의 소재지와 규모[312]

소재지	규모		거리	둘레
수주면	동: 주천 남: 가리피 대치(큰고개)	서: 치악 북:횡성계 회치(노송나무고개)	70리 10리	150리
우변면	동: 영월계 사금치 남: 제천계 굴암	서: 수주계 북: 수주계 각림	63리 10리	120리
좌변면	동: 평창계 사금치 남: 우일계	서: 우일계 북: 횡성계	20리 40리	80리
가리파	동: 우일계 송치 남: 제천계 사치	서: 가리파치 북: 수주계 석남	40리 20리	80리

향탄산에 향탄군이 배정된 능침은 1대 태조의 신의왕후의 제릉(70명), 3대 태종과 원경왕후의 헌릉(30명), 4대 세종과 소헌왕후의 영릉(30명), 6대 단종의 장릉(60명), 8대 예종과 계비 안순왕후의 창릉(2명), 원비 장순왕후의 공릉(30명), 11대 중종의 정릉(20명), 추존왕 원종과 인헌왕후의 장릉(2명), 16대 인조와 인열왕후의 장릉(15명), 17대 효종과 인선왕후의 녕릉(50명)이었다. 반면 1대 태조의 건원릉, 정인왕후의 후릉, 5대 문종의 현릉, 단종의 정순왕후, 7대 세조와 정희왕후의 광릉, 추존왕 덕종과 소혜왕후의 경릉, 성종과 계비 정현왕후의 선릉, 원비 장순왕후의 순릉은 향탄군을 배정받지 못했다. 11대 중종의 원비와 계비의 온릉, 희릉, 태릉 역시 향탄군의 배정이 없었으며, 13대 명종과 인순왕후의 강릉, 14대 선조와 인인왕후의 목릉도 향탄군이 없었다.

마. 능원의 향탄산 운영 방법

조선 왕실이 각 능원에 부속된 향탄산을 지정한 이유는 각 능의 제향(祭香)에 소요되는 경비를 자체적으로 충당하게 하기 위해서였다. 현륭원의 경우 1년에 6차례 제향을 올렸으며, 제향에 드는 경비는 향탄산과 위전(位田)에서 자체적으로 충당하였다.[313]

능원이 향탄산에서 재원을 충당한 구체적 과정은 『헌릉지』를 참고할 수 있다. 『헌릉지』에는 향탄산에서 얻는 수익을 가구탄(家口炭), 무역탄(貿易炭), 화속탄(火粟炭)으로 구분하고 있다. 가구탄이란 '금표 내에 있는 예닐곱 마을 중 사대부가의 묘소를 지키는 마을 주민을 제외한 용인의 성부곡, 세부곡, 손곡, 필곡과 광주의 의일리에서 만들어 납세한 숯'이라고 밝히고 있다. 무역탄은 '마을 사람 중에 일년 동안 향탄산에서 땔나무를 채취한 사람이 소정의 세금을 납부하면, 산직(山直)이 숯을 구입해 납부한 것'을 일컫는다고 밝히고 있다. 화속탄은 '금표 안에서 화전 경작을 한 사람이 납부한 세금으로 마련한 숯'으로, 그 해의 작황에 따라 50~60여 섬에 이른다고 한다. 『헌릉지』는 조선 초기에 능원의 제향에 필요한 경비 충당의 수단으로 향탄산의 숯을 활용하였음을 확인할 수 있게 해준다.

능침에서 40리 떨어진 헌릉의 향탄산과는 달리 현륭원의 향탄산은 한양에서 멀리 떨어진 강원도 원주목 수주면, 우변면, 좌변면, 가리파 등 4곳에 지정되었다. 현륭원 조성 기록에 의하면 향탄산으로 지정할 당시 산전(山田)의 규모에 따라 납세의 규모를 300냥으로 정하고, 300냥 중 250냥을 실입, 50냥은 납입비용으로 사용하였음을 밝히고 있다.

능원의 재원에 충당된 실입 250냥의 사용처는 향탄가 8냥, 제향탄가 8냥, 1년 시가 120냥, 관 60냥, 서원 8냥, 수목 12냥, 감관 2냥, 고직 3냥 등으로 사용되어 사용처 중 136냥이 향탄, 제향탄가, 시가 등 공용으로 사용되고, 110냥은 원역 가운데 소임을 맡은 자의 급여와 필요 경비로 사용되었음을 밝히고 있다.

향탄산은 능원이 점차 늘어난 조선 중기에 이르러 한양 인근을 벗어나 원거리에 지정되었다. 조선 중기부터 향탄산에서 생산된 현물인 숯 상납 대신에 향탄세의 수납이 일상화된 이유의 하나도 원거리에 위치한 향탄산에서 생산된 숯을 직접 수송하는 데 드는 부담을 향탄세 수납으로 줄일 수 있었기 때문이다.

그럼 현물인 향탄(숯) 대신 향탄전(香炭錢)은 언제부터 납부하기 시작했을까? 1789년 『일성록』에 따르면, 향탄전을 정식(定式)대로 양주에서 수납하게 해달라는 요청에 따라 조사하여 폐단이 없게 하라"고 정조는 당부한다.[314] 이어서 1813년 온릉 조포사의 승려가 능속에게 빌린 향탄전 납부를 강요했다는 사실[315]과, 1867년에 출간된 『육전조례』에는 인릉과 휘경원의 향탄전 규묘가 1,200량임을 밝히고 있다.[316] 그 밖에 1895년 건릉의 향탄전은 영암군 소재 건릉의 향탄전 부과 토지가 없다는 보고도 있다.[317] 이러한 내용을 참고하면 조선 후기에는 향탄전이 일반화되었음을 알 수 있다.

향탄 위전에서의 향탄세 징수는 조선 초기부터 시행되었다. 그 구체적 사례는 제9대 왕 성종과 계비 정현왕후를 선릉[318]에 모신 능지에 수록된 향탄세의 정식(定式)으로 알 수 있다.[319] 『선릉지』의 향탄세 정식에 따르면 위전의 위치와 규모는 공주의 정안면 31결 16복, 신상면 17결 41복, 신하면 23결 90복 등 모두 73결 67복이며, 매 결당 3냥씩 도합 221냥 1푼에 매년 드는 태가(운반비) 5냥을 제외하고 실제 216냥 1푼을 상납했으며, 103냥은 제향 경비로, 나머지 남은 돈 113냥은 관원댁에 나눠준다고 밝히고 있다.

1758년 강원도 이천부에 소재한 의릉(懿陵)의 향탄세는 절목(節目)에 따라 198냥 5전 3푼 외에 더 징수하지 못하도록 엄중하게 지시하여 백성의 폐단이 조금이라도 생기지 않게 하라고 지시한다.[320, 321] 1838년 강원도 춘천, 홍천, 그리고 양구에 있는 휘경원 향탄은 향탄세 납부가 곤란하니 춘천과 기린은 세금을 중지해달라고 요청하고 있다.[322] 이러한 기록을 참고할 때 향탄세는 조선 초기부터 시행되었음을 알 수 있다.

2. 향탄산의 황폐화

조선시대의 약탈적 산림 이용 결과로 파생된 산림 황폐는 능원의 향탄산에서도 나타났다. 그 구체적인 사례는 『승정원일기』와 『일성록』에 상세하게 기술되어 있다.

먼저 1776년(정조 원년)의 『승정원일기』[323]에는 현륭원의 향탄산이 강원도 수주면, 우변면, 좌변면 등으로 정해졌지만, 16년이 지난 시점인 1792년(정조 16년)에는 강원도 향탄산뿐만 아니라 전라도 보림사에서도 향탄을 진배하고 있다.[324] 향탄 진배가 전라도 보림사까지 확장된 정확한 이유는 확인할 수 없지만, 그 배경을 엿볼 수 있는 기록이 『일성록』에 수록되어 있다.

『일성록』에는 강원 순영(巡營)이 해당 향탄산에 거주하는 민인(民人)들의 향탄세 담세 능력을 무시하고, 초기 300냥의 향탄가를 650냥으로 올린 결과 화전 경작민 중 81호가 떠나버리고, 남아 있는 사람들이 떠난 사람들의 몫까지 향탄세를 납부하게 된 과정을 기록하고 있다.[325] 남아 있는 사람들이 향탄가 납세의 가중함을 조정에 호소함에 따라 강원도 감사 윤사국(1793), 이병정(1795) 등을 파견했지만, 향탄세 징세의 부조리는 쉽게 해결되지 못했다. 최종적으로 서거정(1796)이 향탄가 징세의 부조리를 근절하고 마을마다 경작한 면적에 따라 향탄세를 거두는 개선책을 조정에 건의하여 향탄가를 500냥으로 조정하였다고 밝히고 있다.[326]

서거정이 조정에 보고한 지 16년 후인 1812년의 기록에는, 예전에 500여 호가 거주하던 현륭원의 향탄산 일대에 거주하는 주민의 숫자가 300여 호에도 못 미친다고 밝히고 있다. 거주민의 숫자가 줄어든 이유는 향탄산 일대가 밭의 형태도 알아볼 수 없는 황무지로 변해서 농사짓던 백성들이 뿔뿔이 흩어져버렸기 때문이다. 『일성록』에는 "전례에 따라 향탄산을 다른 곳으로 옮겨 정해야 할 것이며, 옮기기가 어려우면 상납하는 향탄가 550냥 중 3분의 1을 제감해주자"고 밝히고 있다.[327]

19세기 초, 산림 황폐로 능침의 향탄산이 민둥산이 된 사정은 또 있다. 장릉의 향탄산에 매장을 허락하고 면세한 뒤로 산기슭 네 곳이 민둥산으로 변해서 숯을 만들 곳이 없다는 1805년 장릉 향탄산에 관한 기록이 있다.[328] 나무를 심지 않고 계속된 약탈적 산림 이용의 결과는 참혹한 산림 황폐와 임산자원 고갈이었다.

3. 사찰의
향탄봉산

사찰이 향탄봉산을 관리한 기록은 사찰이 소유하고 있는 문서나 사찰 근처에 남아 있는 금표로 확인할 수 있다. 특정 능침의 제향 경비와 향탄을 조달하기 위해 사찰의 산림을 향탄산으로 획정한 구체적 사례는 동화사, 송광사, 용문사(예천), 안정사(통영), 용문사(남해) 등에서 찾을 수 있다. 그 밖에 김용사(문경)의 사찰림도 향탄봉산 금표가 있긴 하지만, 그 구체적인 경과를 나타내는 자료나 문헌은 찾을 수 없다.

가. 능침의 향탄과 사찰

조선 초기에는 능침이 조성되면 그 능침을 보호하고, 제향에 필요한 제수와 제기를 공급하는 능침사(陵寢寺)가 있었다. 대표적으로 신덕왕후 정릉의 능침사는 흥천사이고, 신의왕후 제릉의 능침사는 연경사, 태조 건원릉의 능침사는 개경사, 정종과 정안왕후의 후릉 능침사는 홍교사, 세조와 정희왕후의 광릉 능침사는 봉선사, 세종과 소헌왕후의 영릉 능침사는 신륵사, 성종과 정현왕후의 선릉 능침사는 봉은사이다.[329]

임진왜란 이후에 능침사는 '조포사(造泡寺)'란 명칭으로 그 업무를 대신 맡았다. 탁효정은 조선총독부가 1930년에 발간한 『묘전궁릉원묘조포사조(廟殿宮陵園墓造泡寺調)』에서 밝힌 능침 관련 사찰의 형태를 1) 왕실의 능·묘와 인연이 있는 능사(陵寺), 2) 능·묘의 제향 때마다 제수와 제기들을 공급하는 조포사, 3) 능·묘에 직접 노동력을 공급하지는 않지만 능·묘와 관련된 각종 비용을 보조하는 속사(屬寺)로 구분하였다.[330]

능침의 향탄에 사찰이 관여한 최초의 왕실 기록은 속사에서 찾을 수 있다. 1792년 정조는 아버지 사도세자를 모신 현륭원(후에 융릉으로 추존)의 제향 경비를 용주사(능침사)의 속사(장흥부 보림사)에서 진배하기에 공부(貢賦)를 함부로 징수하는 폐단을 금지한다.[331] 『일성록』으로 미루어 보아 보림사는 주변의 산림에서 숯을 생산하여 제향 경비를 진배하였으리라 추정하지만, 그 구체적 내용과 규모를 확인할 기록은 찾을 수 없다.

정조의 건릉 향탄산이 속사와 관련이 있음은 도갑사 입구의 "건릉향탄봉안소 사표내금호지지(健陵香炭奉安所 四標內禁護之地)" 금표로 추정할 수 있다. 도갑사는 건릉의 능침사찰인 용주사의 속사였기에

도갑사의 건릉향탄봉안소 역시 건릉의 제향 경비를 진배했던 것과 관련이 있을 것이다. 정조의 건릉은 1800년에 축조되었고, 1821년에는 왕후가 합장되었다. 따라서 19세기 초반까지는 조포속사의 산림에서 제향 경비를 조달했으리라 추정할 수 있다.

융·건릉의 향탄 경비를 부담하던 조포속사인 보림사와 도갑사와 달리, 사찰의 산림이 향탄봉산으로 획정된 사례는 19세기 말에 남부지방의 여러 사찰에서 찾을 수 있다(〈표 13〉 참고).

나. 사찰의 향탄봉산

표 13. 사찰별 능원(사당)의 향탄(봉)산을 나타내는 유물

사찰명	시행 시기	해당 능·원·궁	기록/유물(문헌, 완문, 첩지, 금표, 금패)
도갑사	1800년 이후	건릉	'건릉향탄봉안소 사표내금호지지' 금표
동화사	1880년	수릉	예조 첩지 및 '수릉향탄금계, 수릉봉산계' 봉표
해인사	1891년	명례궁	명례궁 완문의 향탄봉산
송광사	1900년	홍릉	『조계산송광사사고 산림부』의 향탄봉산, '향탄봉산수호총섭' 금패
안정사	1900년	선희궁	고종 차첩의 송화봉산 및 향탄봉산, 금송패
용문사 (예천)	1900년	홍릉	장례원(掌禮院) 완문의 향탄봉산
용문사[332] (남해)	1900년	조경단	'남해용문사 향탄봉산수호총섭' 금표
김용사	1902년	미상	'향탄봉산사패금계' 금표

사찰이 향탄봉산을 직접 관리하던 기록은 예조나 명례궁, 장례원, 선희궁 등에서 사찰에 발급한 완문이나 첩지(帖旨)로 획정 시기와 이유를 확인할 수 있다.

1) 동화사의 향탄봉산(1880년)

동화사가 향탄봉산을 관리한 기록은 예조에서 동화사의 주지에게 발급한 첩지로 확인된다. 1880년(광서 6년) 예조 첩지[333]는 "석민헌에게 수릉 조포속사인 대구 동화사를 맡기고, 향탄봉산수호총섭과 팔도승풍규정을 위한 도승통자로 임명한다"고 명시하고 있다. 이 첩지를 뒷받침하는 '수릉향탄금계(綏陵香炭禁界)' 표석이 동화사 경내에 있다. 이 표석은 수릉(헌종의 아버지 익종의 능)에 쓸 향탄(炭)을 생산하는 봉산의 경계(금계)석이다.

익종의 능, 수릉에 쓸 향탄의 생산지를 나타내는 또 하나의 금표는 팔공산 수태골에서 바윗골로 오르는 등산로 오른쪽 빈터에 있다. 음각된 명문은 '수릉봉산계(綏陵封山界)'라는 다섯 글자로, 이 일대가 봉산으로 지정된 산림임을 알려준다.

예조의 첩지와 두 금표는 동화사가 수릉의 조포속사였으며, 향탄 경비를 마련하기 위해 사찰 주변 산림을 향탄봉산으로 관리한 가장 이른 시기의 문서라 할 수 있다. 예조의 첩지 내용은 1930년에 취합한 『묘전궁릉원묘조포사조』의 내용과도 부합한다.[334]

흥미로운 사실은 효명세자의 묘가 수릉으로 추존되기 전인 1831

년에 연경묘의 향탄산이 함월산으로 획정된 사례이다. 연경묘에서 수릉으로 추존되는 과정에서 팔공산의 향탄산이 추가로 획정된 사실은 향탄산의 추가 획정이 계속된 사례라 할 수 있다.

2) 해인사의 향탄봉산(1891년)

명례궁[335]이 해인사에 1891년 발급한 완문에는 해인사가 세자궁 (순종)의 원찰이며 과도한 요역의 폐단을 혁파한다는 내용을 10개 조목으로 지시하고 있다. 완문의 두 번째 조목[336]은 "본사 사처 국내(局內)는 축원하는 향탄봉산으로 획정하니 동으로는 가질령, 서로는 마정봉, 남으로는 무릉지, 북으로는 비지령에 이르기까지 하사하여 표시한다. 이 중 소나무, 개오동나무, 땔나무, 잡목 등은 풀 한 포기, 잎사귀 하나라도 능원의 수림과 같으니 일체 엄금하며, 토호·세반과 이속배·고노 등이 그 위협을 믿고 무단으로 난입하여 베어 가면 해당 소임의 승려가 본동에 직보하여 형조로 이첩해 원배를 거행한다"고 밝히고 있다.

3) 송광사의 향탄봉산(1900년)

송광사는 향탄봉산의 관리에 필요한 여러 가지 시행 규칙이 『조계산송광사사고 산림부』[337]에 기록되어 있는 덕에 1900년 6월 홍릉 향탄봉산으로 지정된 배경과 구체적인 운영 방안을 확인할 수 있으며, 총 18조로 구성된 내용은 다음과 같다.

- 관청, 군기청, 포진청 등에 바치는 밀가루나 들기름, 본방전 등의 잡역은 영원히 없앨 것.
- 지소(紙所)를 수리하는 본전(本錢)은 즉시 해당 담당자에게 내어 지급할 것.
- 각 청에 바치는 계방전(契防錢)과 전례에 따른 잡역을 영원히 없앨 것.
- 사주인(寺主人)에게 지급하던 것도 영구히 없앨 것.
- 내공방에 납부하는 화공미(畵工米)도 영구히 없앨 것.
- 절의 봉산 구역 내에 묘를 쓰는 폐단을 관에서 금할 것.
- 봉산 내의 산림을 철저히 보호할 것.
- 향탄봉산을 수호하는 이는 팔만장경각 도총섭, 산도감인데, 지금부터는 본릉(本陵)에서 선택하여 정할 것.
- 향탄봉산 보호에 필요한 총섭각패(總攝角牌) 1개, 산도감 금패(禁牌) 1개, 산직(山直) 금패 2개를 본사에서 내려보내니, 잘 간수하여 성설히 거행할 것.
- 미진한 조건은 추후에 마련할 것.

송광사의 향탄봉산 절목은 잡역과 사역을 줄이라는 내용이 2/3 이고, 향탄봉산의 관리와 보호에 대한 규칙은 오히려 간략하다. 향탄봉산의 절목에 사찰의 부역과 잡역 등 다양한 종류의 승역(僧役)을 감면한다는 내용을 세세하게 수록한 까닭은 사찰이 제향 경비를 부

담하는 반대급부로 왕실에서 사찰에 내린 혜택이라 할 수 있다.[338]

4) 예천 용문사의 향탄봉산(1900년)

용문사의 경우, 1900년(광무 4년) 5월에 장례원[339]에서 발급한 완문으로 사찰의 향탄봉산 관리 사실을 확인할 수 있다. 이 완문에는 용문사가 명성황후의 홍릉(洪陵) 향탄봉산을 관리하는 사찰로 봉해진 사실과, 향탄봉산에서 발생하는 문제와 그 처리에 관한 지침이 기록되어 있다.[340]

5) 통영 안정사의 향탄봉산(1900년)

안정사의 경우, 고종이 하사한 차첩과 금송패가 소장되어 있다. 선희궁에서 내린 차첩[341]의 내용은 "1900년 선희궁에서 안정사 승려 원명(속명 송인엽)에게 선희궁 송화봉산의 수호 및 향탄봉산의 금송도감으로 임명한다"이다. 안정사의 소나무 숲은 사찰로는 유일하게 1851년 삼도수군통제영(통영) 관내 송전(松田)으로 등록되었으며, 그 면적은 1,650ha나 된다.[342]

6) 남해 용문사의 향탄봉산(1900년)

남해 용문사와 향탄봉산의 관계는 절이 소장하고 있는 '봉산수호패'에서 찾을 수 있다. 이 봉산수호패의 앞면에는 '남해용문사(南海龍門寺) 향탄봉산수호총섭(香炭封山守護總攝)'이, 뒷면에는 발급자인 '예조(禮曹)와 그 수결'이 새겨져 있다. 남해 용문사의 산림이 향탄봉산으로 획정된 시기는 전주 이씨 시조 이한의 묘소 조경단이 영건되고 용문사가 조포속사로 지정된 1900년으로 추정된다.[343]

7) 문경 김용사의 향탄봉산(1902년)

김용사는 현재까지 알려진 향탄봉산 사찰 중 가장 나중인 1902년에 지정된 곳으로, 들머리 입구의 길 옆에 세워진 향탄봉산 표석으로 지정 시기를 유추할 수 있다. 이 표석의 전면에는 '김용사소유지(金龍寺所有地)'가 새겨져 있어 이 일대의 산림이 김용사 소유임을 나타내고, 표석 후면에는 '향탄봉산사패금계(香炭封山賜牌禁界)'가 새겨져 있어서 능침에 제향 경비를 납부했던 사패지로 추정되지만, 정확한 대상 능침은 확인할 수 없다.

이상의 내용을 정리하면 조정에서 사찰의 산림을 향탄봉산으로 획정한 시기는 대략 1880년대 이후 20여 년 동안이었음을 알 수 있다. 한편 규장각한국학연구원 사이트를 활용하여 향탄봉산을 검색한 결과 어느 지도에서도 향탄봉산은 검색되지 않았다. 율목봉산이 네 종류의 고지도(古地圖)[344]에 기재된 것과는 달리 향탄봉산이 표시된 지도가 하나도 검색되지 않은 이유는, 향탄봉산 지정이 검색 대상이 된 지도의 제작 시기보다 늦은 1880년대 이후에 주로 이루어졌기 때문이다.

다. 사찰 향탄봉산의 획정 배경

조선 왕실이 향탄산의 관리를 사찰에 맡긴 이유는 무엇일까? 이에 대한 답은 『조계산송광사사고 산림부』에서 찾을 수 있다. 산림부의 향탄봉산 절목에는 "근래에 인심이 선량하지 못하더니 모든 서민이 준동하여 두려워하거나 거리낌이 없이 법을 어겨 장사 지내거나 나무를 베어내는데도 금지할 수가 없어 민둥산이 될 지경에 이르렀다. 절의 형편을 생각하니 지극히 놀랍고 한탄스러우니 지금 이후로는 본사를 홍릉에 부속시켜 향탄봉산으로 삼는다"는 내용을 담고 있다. 송광사가 조정에 향탄산 획정을 청원한 이유는 이처럼 사찰의 산림을 보호하기 위한 수단이었던 셈이다.

송광사와 유사한 사례는 용문사(예천)와 해인사의 완문에서도 찾을 수 있다. 장례원에서 하교한 용문사의 완문에는 "도벌과 몰래 묘를 써서 훼손되는 사찰림을 보전하기 위해 홍릉의 향탄봉산으로 삼는다"[345]라는 다음과 같은 내용을 담고 있다.

> "용문사는 인빈궁(仁嬪宮)의 원당(願堂)이요, 소헌왕후(昭憲王后)와 문효세자(文孝世子) 두 분의 태실(胎室)을 봉안한 곳이어서 그 소중함이 여타 사찰과 크게 다르므로 왕실에서 특별히 사방의 경계를 정하고 사패금양(賜牌禁養)하여 수호한 유래가 오래더니, 근자에 들어 금지하는 기강이 소홀해지고 백성들의 풍습이 무상(無常)

해서 사방의 경계 안에서 제멋대로 묘를 만들어 매장하며 어려운 줄 모르고 소나무를 베어서 거주하던 승려들은 이를 빌미로 이리 저리 흩어지고 절은 이미 보전키도 어렵게 되었으니 이러한 소식을 접함에 지극히 놀라울 따름이요, 공무에 봉직하는 도리에 어찌 황송치 않겠는가! 이제 또 특별히 홍릉(洪陵)의 향탄봉산(香炭封山)으로 삼으라는 뜻으로 분부하신 칙교(勅敎)를 받들어 금호(禁護)할 조건을 다음과 같이 완문을 만들어 발급하니 오로지 그대들 승도(僧徒)들은 영원히 준수하고 실행해야 마땅할 일이다."

_광무 4년(1900) 5월일 장례원(掌禮院)

해인사의 명례궁 완문 역시 유사한 내용을 담고 있다. 완문에는 향탄봉산의 지정과 함께 "관용 남여목(藍輿木)과 다라목(多羅木)을 자르고 다듬는 것과 오미자·석이·산화·송화·병풍·유자 등의 제반 책응은 일체 엄금하고, 통제사와 병사들이 각종 물종을 강제로 수탈하는 행위와 교졸의 미투리와 술·밥값의 토색의 관습은 물론이고 개간 행위도 금한다"고 밝히고 있다.

안정사 역시 송광사나 예천 용문사의 사례와 유사한 경우라 할 수 있다. 인근 권세가가 안정사 소유의 소나무 숲을 약탈하고자 했을 때, 8년에 걸친 송사 끝에 고종이 안정사 주지를 향탄봉산 수호 총섭으로 임명하고 소나무 숲을 송화봉산으로 지정한다는 내용의 차첩과 금송패를 하사하여 안정사 소유의 100만 평 소나무 숲을 지키게 하였다.

19세기 말에 사찰은 왜 향탄봉산의 획정을 스스로 자임했을까? 조선 말기의 엄혹한 시대 상황도 무시할 수 없을 것이다. 불교계가 겪은 당시의 시대 상황은 『조계산송광사사고 산림부』 편찬을 주관한 금명보정 스님의 연보란에 "부패한 세도가들과 못된 유생들과 무법한 주민들의 횡포로부터 사찰림을 지키기 위해 1829년(순조 29년)에 혜준대사의 알선으로 송광사의 산림을 율목봉산으로 칙정되게 함으로 송광사의 산림과 사세를 유지할 수 있었다"고 자세히 기술하고 있다.[346]

이런 시대적 배경을 고려할 때 향탄봉산이 1880년부터 20여 년 동안 집중적으로 시행된 이유는 향탄산의 산림 황폐로 각 능원의 제향 경비를 쉬 조달할 수 없었던 왕실은 물론이고, 부과된 막중한 요역을 감면받고 왕실의 권위를 빌려 주변 산촌 주민들에 의한 사찰림의 도·남벌과 산지 훼손을 막기 위한 수단이 필요했던 사찰의 이해관계가 부합했기 때문이다. 왕실에서는 제향 경비를 조달할 산림이 필요했고, 비교적 사세가 큰 남부지방의 사찰은 예로부터 관리해오던 산림을 향탄봉산으로 자청하여 획정하고 외부의 침탈로부터 산림을 지킬 필요가 절실했다. 결국 19세기 말에 획정된 사찰의 향탄봉산은 왕실과 사찰 상호 간에 이익을 누릴 수 있는 수단으로 기능했을 거라고 추정할 수 있다.[347]

4. 탄봉산과
향탄봉산

가. 탄봉산의 출현 시기

향탄산은 조선 초기부터 능침에 획정되었지만, 탄봉산과 향탄봉산은 조선 후기에 나타난다. 특히 탄봉산과 향탄봉산은 숙종 대에 금산 제도의 부족함을 보완하기 위해서 새롭게 도입된 봉산 제도와 관계가 있다.

봉산에 관한 선행 연구로, 봉산의 종류에는 왕이나 왕비의 능묘를 보호하고 포의(胞衣)를 묻기 위하여 정해진 태봉봉산(胎封封山), 왕족의 관곽재로 사용되는 황장목을 생산하기 위한 황장봉산(黃腸封山), 위패 생산에 필요한 밤나무 재목을 생산하기 위한 율목봉산(栗木封山), 조선재에 사용될 참나무와 소나무를 생산하기 위한 진목봉산(眞木封山)과 선재봉산(船材封山), 산삼 생산을 위한 삼산봉산(蔘山封山) 등이 보고되었다. 학계에서는 이처럼 봉산을 기능별로 다양하게 분류

했지만, 탄봉산이나 향탄봉산에 관한 연구는 없었다.

문헌상으로 '탄봉산(炭封山)'은 1699년(숙종 25년)부터 1753년(영조 29년) 사이에 간행된 『전객사별등록(典客司別謄錄)』[348]에서 찾을 수 있다. 『전객사별등록』에 양산 등지의 산림을 탄봉산으로 획급하였다는 내용은 1734년 『승정원일기』에도 "양산과 기장의 탄봉산은 초량 왜관에 상주하는 왜인들에게 공목(公木)인 숯을 제공하기 위해 지정한 수영에 소속된 봉산"이라고 기록되어 있다.[349] 양산 탄봉산은 1750년대 초반에 제작된 관찬(官撰) 『해동지도』 양산군 편에도 역시 부기되어 있다. 따라서 탄봉산의 지정이나 시행 시기는 적어도 1730년대 초반이라고 상정할 수 있다.

양산 '탄봉산'의 기록은 『승정원일기』와 『해동지도』에 최초로 나

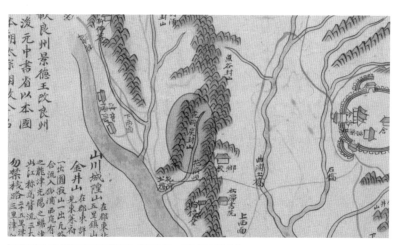

'탄봉산'이 기재된(동그라미 부분) 『해동지도』 양산군 편(부분).

타난 지 100여 년이 지난 1842년(헌종 8년) 8월 27일자[350]와 9월 5일자 [351] 『일성록』에 다시 등장하고, 또 1883년 『통제영계록(統制營啓錄)』에도 수록되어 있다. 이를 통해 조선 말까지 왜관에 공급하던 신탄재 숯을 생산한 탄봉산이 존재했음을 알 수 있다.[352]

나. 향탄봉산의 출현 시기

『조선왕조실록』과 『승정원일기』에는 향탄봉산과 관련된 기사가 한 건도 등장하지 않는다. 대신에 1739년 단경왕후의 온릉으로 획정된 향탄봉산에 관한 기록을 1760년에 간행된 『여지도서』에서 찾을 수 있다.[353] 향탄봉산이라는 통합된 용어와 달리 1787년(정조 11년)의 실록[354]에 기록된 "이제 연교(延敎)를 받들건대 더 이상 향탄(香炭) 송전(松田)에 대하여 경솔하게 의논할 수 없음을 깨달았으니 그대로 봉산(封山)을 만들고 삼화세는 본관(本官)으로 하여금 전대로 수세(收稅)하게 하기를 청합니다"라는 내용에서 향탄봉산을 가리키는 것으로 추정할 수 있다. 다만, 향탄봉산의 정확한 시행 시기는 확인할 수 없다. 오히려 1739년 단경왕후가 온릉으로 이장되고, 그에 따라 향탄산으로 학봉산을 획급한 『전록통고』의 기록으로 미루어 보면, 1740년에서 1760년 사이에 향탄봉산이 지방에서 시행되었던 것으로 추정하는 것이 좀 더 합리적이다.

봉산 제도가 숙종 대에 시행되고, 『승정원일기』에 최초로 봉산에 관한 기록이 나오는 시기가 1687년임에 비추어 볼 때, 율목봉산과 마찬가지로 향탄봉산과 탄봉산도 숙종 이후로 제도화되어 시행되었을 것으로 추정할 수 있다.

한편 1831년 연경묘의 향탄산 경계 표석에 '봉표'란 용어를 사용하고 있음에 비추어 볼 때, 향탄봉산이란 용어는 1760년 이후 향탄산을 표시하는 공식 용어로 계속 사용되었을 것으로 추정된다. 하지만 사찰의 향탄봉산은 『여지도서』에 수록된 이후 120여 년이 더 지나서야 첩지나 완문에 나타난다.

정리하면 향탄산은 조선 초기부터 사용되었고, 탄봉산은 1734년 『승정원일기』와 그보다 더 이른 시기인 『전객사별등록』에 기록되어 있다. 향탄봉산은 온릉 향탄산으로 1739~1760년 사이에 사용된 기록이 『여지도서』에 나타난 후 90여 년이 지난 1831년 연경묘의 향탄산 획정 봉표로 나타나고, 그 후 다시 50여 년 동안 기록에 나타나지 않다가 각 궁에서 사찰에 내린 완문으로 1880년부터 1900년 초에 이르기까지 등장한다.

5. 맺음말

조선 조정이 능원의 향탄산을 배정한 이유는 숯과 제향에 필요한 경비를 능원에 조달하기 위해서였다. 하지만 세월이 지남에 따라 현물인 향탄보다는 향탄세로 대체되었다. 현물에서 향탄세로 대체된 원인에는 능원의 향탄산이 근기(近畿) 지방에 지정된 조선 초기와는 달리, 조선 후기부터는 원거리에서 향탄산을 지정할 수밖에 없었던 시대적 배경도 한몫했다.

향탄산의 수세 형태 역시 시기와 지역에 따라 다양한 형태로 운영되었다. 헌릉은 수원의 광교산에서 가구탄, 무역탄, 화속탄의 형태로 현물인 숯을 받은 반면, 현륭원은 향탄산의 규모를 기준으로 생산될 숯을 금액으로 환산하여 향탄세로 징세하였다.

향탄산 부근에 사는 주민들이 부담한 과도한 징세액은 화전과 산림 개간을 촉진하였고 결과적으로 산림 황폐의 동인이 되었다. 능원의 재원 충당을 위해 장기간 지속된 향탄산의 약탈적 이용 역시 산림 황폐를 불러왔고, 산림 황폐는 유민을 증대시켜 결국 타지방의 산지를 다시 화전·개간으로 황폐화하는 악순환의 고리가 되었다.

사찰이 향탄산 관리의 소임을 맡기 시작한 시기는 현륭원이 조성된 후 보림사가 용주사의 조포속사 역할을 수행한 1792년부터였으며, 이어서 건릉의 조포속사였던 도갑사도 1800년부터 유사한 역할을 수행했을 것으로 추정할 수 있다.

사찰이 향탄봉산 관리를 맡게 된 시기는 예조에서 1880년 동화사 주지에게 내린 첩지로 확인되었다. 이 첩지와 함께 동화사 인근 팔공산 일대가 향탄봉산이었음은 경내에 있는 두 개의 향탄봉산 표석으로도 확인된다. 동화사에 이어 사찰이 능원의 향탄봉산 관리 소임을 맡은 시기는 해인사(1891), 송광사·예천 용문사·안정사(1900), 김용사(1902) 등으로 18세기 말에서 19세기 초에 집중되었다.

조선 말기에 이르러 사찰림이 향탄봉산으로 지정된 배경은 먼저 나라 전역의 산림 황폐화로 그나마 온전하던 사찰림을 향탄산으로 활용하길 원했던 왕실의 실리적 이유를 상정할 수 있다. 사찰 역시 부과된 요역을 감면받고, 왕실의 권위를 빌려 주변 산촌 주민들에 의한 사찰림의 도·남벌과 산지 훼손을 막기 위한 수단의 일환으로 스스로 향탄봉산의 관리(또는 편입)를 자임했을 것이다. 결국 왕실 원당이 선왕선후의 명복을 빌면서 왕실로부터 요역의 감면 등 다양한 혜택을 받은 사례처럼, 사찰의 향탄봉산 관리도 왕실과 사찰 간에 형성된 또 다른 상호부조적 관계라 유추할 수 있다.

5장

결론

조선 왕실이 의례용 임산물 조달에 어려움을 겪은 시기는 조선의 산림이 본격적으로 헐벗기 시작한 18세기 초라고 지목한다. 조선 조정은 산림 황폐로 황장과 율목과 향탄 조달에 곤란을 겪게 되자 이때를 기점으로 여러 가지 타개책을 모색한다.

먼저 물길로 쉬 운반할 수 있었던 지역의 황장목이 고갈되자 교통이 불편한 오지에 남아 있던 소나무 산지를 황장봉산으로 새롭게 지정하여 왕족의 관재로 사용할 황장목을 확보한다. 이렇게 확보된 강원도와 경상도 산악 오지의 황장 소나무는 조선 말까지도 왕족의 관재로 계속 사용되었다. 그 단적인 예로, 1851년 고종 즉위 시 관재로 사용될 황장목 537그루가 경상도 각 읍에서 자라고 있었던 사실이 확인된다. 비록 보호 중인 황장목 그루 수가 읍마다 달랐을지언정, 베어서 관재로 사용할 때마다 다시 후보목을 황장목으로 추가하여 전체 그루 수를 일정하게 계속 유지하였다. 그렇게 대비한 덕분에 130년의 세월이 지난 1981년 영친왕비 이방자 여사의 장례에서도 황장목 관(재궁)을 사용할 수 있었다.

위판용 밤나무 목재 조달 역시 소나무와 상황이 비슷했다. 삼남 지방의 밤나무가 고갈되자 조정은 각 도의 고을마다 배정하여 밤나무 목재를 조달하던 방식을 변경한다. 대신에 특정 지역의 사찰림을 율목봉산으로 지정하고 한두 곳에 집중하여 위판용 밤나무 목재를 생산할 수 있도록 한다. 그렇게 최초로 지정된 율목봉산은 18세기 초 연곡사 주변의 산림이었다. 하지만 연곡사 율목봉산 역시 고갈되자 18세기 중반에 인근 하동의 쌍계사 사찰림을 다시 율목봉산으로 지정하고, 19세기 초에는 송광사의 사찰림을 다시 율목봉산으로 지정하여 위판목의 원활한 조달을 꾀한다. 송광사의 율목봉산 덕분에 봉상시는 1899년에도 필요한 위판목을 어려움 없이 조달할 수 있었다.

향탄 역시 18세기 초에 발생한 산림 황폐로 향탄산을 지방에서 찾아야 했고, 종국에는 사찰림을 향탄봉산으로 획정하여 궁방과 능역의 운영에 필요한 경비를 조달해야 했다.

이처럼 왕실의 의례용 임산물 조달은 멈춤 없이 계속되었다. 한편, 국가에서 관리하는 임산물 가운데 의례용 임산물보다 더 중요한 조선재도 있었지만, 조달 사정은 여의치 않았다.

1. 의례용 임산물보다
빈번하게 논의된 조선재

조선재는 얼마나 중요한 임산물이었을까? 조선 조정이 의례용 임산물 못지않게 조선재를 중요하게 인식한 흔적은 왕실의 공식 기록에서 찾을 수 있다. 『조선왕조실록』과 『승정원일기』에 나타난 선재(船材), 황장, 율목, 향탄 같은 용어의 상대적 사용 빈도는 조정에서 논의되고 보고된 내용을 반영하기에 조선재의 중요성을 간접적으로 확인할 수 있다.

『조선왕조실록』에 나타난 선재와 황장, 율목, 향탄의 출현 빈도는 선재 114건, 황장 72건, 율목 38건, 향탄 19건이었다. 『승정원일기』에는 선재 506건, 황장 416건, 율목 213건, 향탄 166건으로 집계되었다. 『조선왕조실록』에 따르면 선재의 출현 빈도는 황장보다 1.5배나 많았고, 『승정원일기』에는 1.2배 이상으로 많이 나타났다. 또 율목과 비교하면 『조선왕조실록』에 3배, 『승정원일기』에 2.4배 더 많이 나타났고, 향탄과 비교하면 『조선왕조실록』에 6배, 『승정원일

표 14. 『조선왕조실록』과 『승정원일기』에 기록된 황장, 율목, 향탄, 선재의 빈도

기록물	용어	최초 기록	최종 기록	기록 횟수
『조선왕조실록』	황장	세종 2년(1420년)	고종 43년(1906년)	72
	율목	정종 2년(1400년)	순종 원년(1907년)	38
	향탄	태종 12년(1412년)	순종 원년(1907년)	19
	선재	세종 5년(1423년)	고종 14년(1877년)	114
『승정원일기』	황장	인조 7년(1629년)	고종 43년(1906년	416
	율목	인조 4년(1626년)	순종 3년(1909년)	213
	향탄	효종 12년(1653년)	순종 1년(1907년)	166
	선재	인조 4년(1626년)	고종 28년(1891년)	506

기』에 3배나 더 많이 나타났다.

　『조선왕조실록』과 『승정원일기』에 선재와 관련된 기사가 의례용 임산물 기사보다 더 많이 수록된 사실은 조선재가 왕실의 의례용 임산물보다 더 자주 조정에서 논의되고 보고되었음을 의미하며, 조선재가 국정의 중요한 현안이었음을 알려준다.

2. 탁상공론으로 막지 못한
선재봉산의 황폐화

왕실에서 사용한 소나무 관재나 밤나무 위판목과 달리, 조정에서 황
장보다 1.2~1.5배나 더 빈번하게 논의되었던 조선재는 왜 조선 말기
에 원활하게 조달되지 못했을까? 황장과 마찬가지로 선재 역시 봉
산으로 지정하여 보호했음에도 선재봉산은 왜 제 기능을 발휘하지
못했을까? 의례용 임산물과 달리 국용재나 일반 백성이 필요로 하
는 관재 수급에는 왜 이런 괴리가 생겼을까?

조선 조정은 나라를 안정적으로 통치하기 위해서 각 지방에서 세
금으로 거둔 곡식을 운송하는 세곡선이 필요했고, 외적의 침략을 막
기 위한 판옥선과 군선도 필요했다. 따라서 조정은 재정과 국방에
중요한 조선재를 안정적으로 확보하기 위해 개국과 함께 소나무 조
선재 확보를 국정의 최우선 과제로 삼았다. 그리하여 1424년 '송목
양성병선수호조건(松木養成兵船守護條件)' 포고문 반포를 필두로 1808
년 『만기요람』에 송정(松政)을 규정했을 만큼 조선 조정은 400여 년

동안 소나무 조선재 확보를 가장 중요한 산림정책으로 삼았다.

조선재 고갈에 대한 조정의 우려는 임진왜란 직후에 처음 등장한다. 1600년에 선조가 영·호남의 섬에 조선재가 무한히 있는지 묻자, 곧 고갈될 것 같다는 이항복의 보고가 당시의 상황을 시사한다.[355] 1673년(현종 14년)에는 조정에서 30년 만에 영·호남의 선재 생육 상태를 조사하기 위해 선재적간어사(船材摘奸御史)의 파견 여부를 논의한다.[356]

1697년(숙종 23년)에는 소금 생산을 위해 바닷가의 소나무를 연료로 사용하자는 영·호남 감사의 소청(疏請)에 "선재(船材)는 수십 년을 기르지 않으면 이룩할 수 없으니, 하루아침에 벌거숭이 산이 되게 할 수는 없다"라며 반대한다.[357] 만일 나라 곳곳의 조선재 솔숲이 울창하였으면 이런 우려가 필요 없었을 것이다. 17세기 말에는 그만큼 조선재 수급 상황이 심각해졌음을 알 수 있다.

17세기 말 당시 조선 조정이 선재를 생산한 바닷가 주변의 봉산을 어떻게 취급했는지는 송광연(宋光淵, 1638~1695)의 호서순무사 서계(書啓)[358]로 알 수 있다. 송광연은 1690년 호서지방 13군·현과 2진을 순시하면서 의송산의 소나무 생육 상태를 확인한 후, 53곳의 의송산을 봉산으로 선정하고, 94곳의 의송산을 봉산에서 탈락시킨다. 순무사 서계에는 봉산 선정과 해제 과정을 다음과 같이 설명한다.[359]

"이른바 봉산(封山)을 해제하는 경우는 대부분 민둥산으로 변해한 그루의 소나무도 남아 있지 않은 경우라 하거늘, 그 이유를 힐문하니 '갑자년 비로소 봉산을 지정할 때에 처음 벌목하였고, 을축년 봉산을 해제하는 날에 다시 벌목하였고, 정묘년 다시 봉산을 지정하는 날에 세 번째 벌목하였고, 기사년 다시 봉산을 해제하는 날에 네 번째 벌목하였으므로, 종전에 오래 길러온 소나무가 네 차례나 모두 벌목된 것은 봉산으로 지정하거나 봉산을 해제할 때였습니다'라고 하거늘."

송광연의 호서순무사 서계는 17세기 말 조선의 산림 행정이 무질서했음을 증언한다. 봉산으로 지정하고 해제할 때마다 소나무를 벌목함으로써 산이 점점 민둥산이 되어갔듯이, 조선은 국초부터 산림황폐 방지에 제대로 대처하지 못했다. 황폐를 막기 위해서는 베어낸 만큼 나무를 심어야 했지만, 적절한 소나무 묘목 양성 기술이 없었고, 베어낸 만큼 다시 심어야 하는 조림(造林) 강제 규정도 없었다. 설상가상으로 조선재 생산과 조달을 총괄할 독립된 부서나 감독관도 없었던 탓에 조선재를 생산하던 바닷가 주변의 소나무 숲은 점점 민둥산이 되어갔다.

이와 더불어 소나무 숲에 대한 왕실의 사익 추구도 계속되었다. 선재봉산인 통영 욕지도를 왕자궁의 절수처(折受處)로 훼손하는 것을 반대하는 상소에도 불구하고 임금이 절수를 승인한 『숙종실록』 기록은 왕실의 잇속을 위해 국방에 필요한 선재봉산까지도 왕가의 손

아귀에 넣고야 말겠다는 불편한 내용을 담고 있다.[360]

　세월이 흘러 전선(戰船)의 수리로 각 처의 소나무 산이 벌거숭이가 되었다는 1781년(정조 5년)의 기록[361]은 삼남의 바닷가 솔숲이 민둥산으로 변하고(1797),[362] 마침내 해변 송산(松山)의 황폐로 전선의 개삭[363] 연한(1800)을 늘릴지 여부를 논의하는 지경으로까지 악화된다.[364] 국가의 안위에 지대한 영향을 끼치는 조선재를 조달하던 연해의 선재봉산이 이처럼 헐벗거나 왕실에 귀속되어 다른 용도로 전용되었지만, 조선 조정은 별다른 대책을 마련하지 못했다.

3. 강력한 왕권으로 지속된 의례용 임산물 조달

조선 후기에 이르러 국가 재정과 안보에 필수 불가결한 조선재 조달이 점점 어려워진 시기에, 어떻게 왕실은 의례용 임산물인 황장과 율목을 계속 조달할 수 있었을까? 그 답은 독특한 의례용 임산물 조달 제도에서 찾을 수 있다.

가. 조달 담당 부서

조선 건국과 함께 황장 소나무의 조달은 장생전(1411)에서, 율목 위판목의 조달은 봉상시(1392)에서 조선 말까지 담당하였다. 이들 의례용 임산물의 담당 부서는 수백 년 동안 축적된 경험을 바탕으로 업무를 효과적으로 수행할 수 있었다. 비축된 의례용 임산물의 양에 따라 사전에 수급을 조절하는 한편, 필요할 경우 시의적절하게 벌목을 진행하여 의례용 임산물을 계속 충당할 수 있었다.

한편, 의례용 임산물과 달리 조선재는 주로 삼남지방의 각 수영과 진에서 담당했다. 하지만 수영이나 통제영 수사의 임기는 2년, 진에 주재하는 첨사와 만호의 임기는 30개월로, 이들은 장기간 근무하지 못했다. 더욱이 그들의 주 임무는 외적의 침입을 막는 것이지 소나무 숲을 육성하는 것은 아니었다. 따라서 짧은 근무 기간과 산림에 관한 전문성이 턱없이 부족한 수사, 첨사, 만호가 육성에 오랜 시간이 소요되는 조선재의 장기 수급 실태나 계획을 세우지 못하는 것은 당연했다. 업무를 인수 인계할 때도 현존하는 소나무 자원의 현황과 상태를 파악하는 수준이었다.[365]

나. 조달 전문 감독관의 현장 파견

장생전과 봉상시는 황장목과 율목의 벌목을 감독할 경차관을 현장

표 15. 임산물별 담당 부서와 벌목 및 조달 장소

임산물	담당 부서	수급 감독	벌목 방법	조달 장소
황장목	장생전	황장목경차관	식년 벌목: 전라도·경상도(10년), 강원도(5년)	황장산-황장봉산
율목	봉상시	율목경차관	식년 벌목: 경상도(3년) 간식년: 전라도, 충청도	소산처-율목봉산
향탄	예조		매년 약탈식 이용	향탄산-향탄봉산
조선재	수영	수사	필요한 경우	의송산-선재봉산

에 파견함으로써 필요한 작업을 지휘 감독하였다. 현장에 파견된 경차관은 선목, 벌목, 조재(造材), 운송 과정에 직·간접적으로 관여함에 따라 전체 수급 과정을 직접 감독할 수 있었다. 따라서 의례용 임산물의 생산과 운송에 필요한 인력 동원 등의 제반 규정도 확립되어 계속 활용할 수 있었다.

경차관은 조정의 정책 결정 내용을 정확히 숙지한 후 현장에 파견되었고, 현장 상황 변화에 신속히 대응하였다. 벌목과 조재에 필요한 인력 동원이나 물품 제공에 있어 현지 수령과 종종 갈등이 있었지만, 관찰사의 협조를 얻어 현장에서 바로 조정하여 맡겨진 일을 신속하게 수행할 수 있었다.

반면 조선재의 벌목은 주로 약탈적 형태로 이루어졌고, 임기가 짧은 변장과 만호가 감독하였기에 산림 관리에 관한 전문성이 없었다. 따라서 산림의 재생적 이용에 신경을 쓸 여력도 없었다. 진·포(鎭·浦)에 주재하는 변장과 만호가 산림 관리에 유능하지 못한 사례는 통영 관내의 지세포진(知世浦鎭) 송전(松田)에서 확인할 수 있다. '삼도수군통제영(三道水軍統制營)'(오늘날 해군본부에 해당)의 조선재 생산기지였던 지세포진 송전의 소나무 상태는 18세기 말에서 19세기 중엽에 이르기까지 군함의 가룡목(加龍木)[366]으로 사용하던 중송(中松)과 소송(小松)은 사라지고, 점차 어린 소나무와 활엽수 잡목림 상태로 변해갔다.[367]

다. 주기별 벌목 이용 방법

황장은 5년 또는 10년 주기의 식년 벌목으로, 율목은 3년 주기의 식년 또는 간식년 벌목으로 의례용 임산물을 조달했다. 황장과 율목의 소요량은 선재와 달리 많지 않았고, 주기적 벌목으로 고갈의 위험이 소나무 조선재에 비해 상대적으로 적었다.

조운선(세곡선)과 전선의 개보수는 건조한 후 3년 후에 처음 수리하고, 다시 3년 후에 두 번째 수리를 한 후, 3년을 더 사용하여 9년 후에는 새 배를 건조하는 것이 조선시대의 관행이었다. 따라서 나라 전역의 조운선과 군선을 보수하거나 새로 건조하는 시기에는 관재로 사용하는 황장목과 비교할 수 없을 만큼 많은 양의 조선재가 필요했다.

조선재를 조달하던 봉산 역시 소나무 씨앗 파종과 주변의 어린 소나무 이식으로 다시 소나무 숲을 조성하였지만, 활착 성공율이 높지 않았다. 조선재는 의례용 임산물에 비해 수요량이 절대적으로 많았기에 주기별 벌목 제도가 따로 없고 일시에 대량으로 벌목할 수밖에 없었다. 또한 한번 벌채하고 나면 선재로 이용하기 위해 적어도 60~80여 년의 시간이 필요했지만, 조선재 조달에 그런 벌기를 고려한 흔적은 찾을 수 없다.

라. 조달 장소

황장목을 조달한 소나무 숲은 조선 초기에는 황장산이나 황장금산으로 지정되어 보호받았고, 숙종 대 이후에는 이들 소나무 숲이 황장봉산이 되었다. 황장봉산은 황장목을 벌목한 후에는 봉산을 해제하고, 소나무가 울창한 다른 곳을 황장봉산으로 새로 지정하여 적정한 규모의 황장목을 항상 유지하였다.

율목 역시 조선 초기에는 밤나무가 많이 자라는 경상도와 전라도와 충청도의 배정된 읍에서 조달하였다.[368] 하지만 배정된 읍의 밤나무가 고갈되자 남부지방의 사찰림을 율목봉산으로 지정하여 각 도의 밤나무 생산지를 대신하여 소수의 봉산에서 조달하였다.

조선재는 조선 초부터 의송지지, 의송산, 금산, 연해금산에서 조달하다가, 조선 후기에 이르러 봉산, 선재봉산, 송전, 가금산 등에서 조달하였다. 하지만 대량 벌목과 벌채 후 다시 숲을 조성할 수 있는 적절한 양묘 및 조림 기술이 없었기에 점점 조선재를 생산할 수 있는 소나무 숲은 줄어들고 민둥산으로 변해갔다.

4. 조선의 의례용 임산물이 끼친 영향

산림청은 1991년 이후 5~8년 간격으로 「산림에 관한 국민의식조사」를 7차례 실시하였다.[369] 지난 6차례 조사와 마찬가지로 2023년에 실시한 의식조사 결과 역시 우리 국민이 가장 좋아하는 나무는 소나무(46.2%)였다. 지금은 소나무를 좋아하는 상대적인 비율이 조금 줄었을지언정 지난 30여 년 동안 우리 국민 절대다수가 가장 좋아하는 나무는 변함없이 소나무였다.[370]

소나무의 물질적 유용성이 지대했던 농경사회에서 산업사회를 거쳐 정보화사회에 진입한 지 60여 년이 지난 오늘날에도 여전히 우리 국민이 소나무를 좋아하는 이유는 무엇일까? 혹자는 소나무를 가장 좋아하는 이유로 소나무가 한국의 자연과 문화에서 중요한 위치를 차지하고, 오래된 전통과 깊은 관련이 있다는 사실을 언급한다. 그런 이유로 소나무는 꿋꿋함과 장수의 상징으로써 예술작품이나 시에서 자주 그려지기도 했다.[371]

우리 국민이 소나무를 좋아하는 이유로 들고 있는 이런 설명이 틀린 내용은 아니지만, 하나 간과한 부분이 있다. 바로 성리학적 질서 속에 부모가 살아 있을 때, 관재를 미리 준비하는 것이 효(孝)의 최종 완성이라고 학습해온 지난 500년 동안의 의식화도 무시할 수 없을 것이다. 수십 세대를 거쳐 각인된 소나무와 소나무 관재에 관한 학습은 알게 모르게 우리의 의식 세계에 영향을 끼쳤고, 산업화를 거쳐 정보화시대에도 한국인의 의식 속에 내재된 소나무에 관한 인식을 쉬 바꾸기 힘들었을 것이다. 농경사회에서 조선재와 건축재와 땔감으로 사용된 소나무의 물질적 유용성을 뛰어넘어 인간관계의 가장 원초적인 효의 완성에 소나무 관재가 있다는 사실을 주목할 필요가 있다.

관재용 소나무와 함께 능원의 제향 경비를 충당하기 위해 향탄산에서 생산된 숯이 조선 후기 우리 산림에 끼친 부정적 영향도 무시할 수 없다. 18세기부터 한양 인근에서 목재와 땔감을 구하는 것이 점차 어려워진 이유는 한양 인근의 산지를 능원의 향탄산으로 배정한 왕실의 단견도 한몫했다. 능원의 제향 경비를 충당하기 위해 배정된 향탄산의 산림 이용은 잡목을 벌목하여 숯을 굽는 약탈식 방식이었다. 따라서 향탄산으로 배정된 한양 인근의 산림에서 진행된 산림 이용 방식은 기존의 무성한 산림을 무계획적으로 벌채했을 뿐, 나무를 심고 육성하고 재생하여 이용해야겠다는 개념 자체가 없었다.

한양 주변의 산림이 향탄산으로 지정됨에 따라 땔감 한 바리의 값이 200년 사이에 쌀 한 말(1554)[372]에서 10냥(1753)[373]으로 6~8배나 오른 이유도 예전에 30~40리 가서 땔감을 구하던 것이 70~80리를 가야 땔감을 구할 수 있었기 때문이다.[374] 한양 인근의 양주, 광주의 산지를 능원의 향탄산으로 배정한 산림 이용의 단견이 끼친 부정적 영향도 앞으로 구명해야 할 부분이다.

조선시대 왕실 고문서 '봉산(封山)'

封山在湖南 求禮 鷰谷寺洞 順天 松廣寺 嶺南 河東 雙溪寺東

本寺舊無栗木封山每式年劃敬差官二員分往三南而

嶺南則取四百株湖南與湖西間式年輪回替往取三百株十

月上旬發遣觀象監差泛鐵官隨往擇四方五寸木泛鐵定南

每株書正南塩水漬烹書敬差官職銜臣姓着署厚紙油

紙草席重裹封標付都會官稅船添載定吏上納或船敗

未準其數則草記更定敬差官送關東斫運充數

英宗己酉因湖南道臣狀請以求禮鷰谷寺洞深潔宜栗

劃定封山禁養栗木罷列邑分斫鐲鷰谷華嚴寺僧雜

役每式年都斫於封山事定式 鷰谷封山之始

己丑都提調領議政金在魯提調吏曹參判李益炡草記

以鷰谷連麓稷田洞舊爲統營櫓木長養之地自鷰谷封

山之後便作閒曠之土定界封標禁養栗木事 允下 稷田洞定界之始

丙寅都提調提調幷上

同覆 啓以鷰谷寺連麓嶺南河東

府雙溪洞地勢幽淨多産栗木求禮一處勢難繼用依鷰谷

例一體封山䦌雙溪神興七佛等寺僧役長養間分斫於各

邑事 允下 定式 雙溪封山之始

庚午雙溪封界退定獐項事 啓下

湖西關東無封山分斫列邑而湖西則兩式年一次毋過三百

株關東則或別遣 湖西關東分斫之例

兩處封山山腰上下火田處每秋下送書員收稅鷰谷雙溪兩

寺壯白紙定數收捧以補本寺公用 詳在作紙謄錄封山收稅之例

桑木所産處海西則鳳山太成坪黃州斗山坊敬天坊平山上下

月窟白翎則桑木多病關西則平壤外城圓島江東楸灘馬

灘高飛淵三登邑內及江村慈山白村順川江邊而無封山斫

取乾正期限甚急每有生事之慮 桑木斫取之例

乙酉都提調領議政洪鳳漢提調兵曹判書具允明草記

以鷰谷栗木成材者垂盡而靈光嶺鷲山栗木森密而

係是閑曠之土請依鷰谷封山例輪斫䦌隨綠寺僧役使

之守護長養之意分付該道臣何如 上曰依爲之

純祖庚寅因湖南道臣狀 啓以順天府曹溪山栗木封山事

自本寺遣郎官摘奸定界封標䦌松廣寺僧徒雜役 松廣封山之始

今上己巳十一月領議政金炳學所奏奉常寺栗木敬差

官每式年輪回下去三南等地而明年卽其當次也雖是由來
定例挽近許多貽弊不但爲沿路厨傳之爲可念則凡係民
邑所相妨不可無通變之擧從今以後栗木斫取與陪進等節
幷令各其道別定差員擧行事 依允

———

봉산은 호남 구례 연곡사와 순천 송광사(松廣寺), 영남(嶺南) 하동(河東) 쌍계(雙溪) 동쪽에 있다. 본시에는 예전에는 율목봉산이 없었고, 식년(式年)마다 경차관(敬差官) 2명을 삼남(三南)에 나누어 가게 했는데, 영남은 400그루를 작취하고, 호남과 호서지방은 식년의 윤회(輪回) 대신 300그루를 작취하였으며, 10월 상순에는 관상감(觀象監)을 파견하여 세선(稅船)으로 운송하였고, 혹은 배가 파선되고 그 수를 채우지 않으면 초석(草席)을 다시 정하고 경차관을 관동에 보내어 벌수(伐數)를 채웠다. 영조 기유년(1729~1730)에 호남의 도신(道臣)이 장계로 청하여 연곡사(鷰谷寺)의 맑은 골짜기에 청결함이 마땅한 곳의 밤나무를 획정하여 봉산으로 정해서 금양(禁養)하고, 밤나무를 열읍(列邑)을 나누어 벌채하던 것을 멈추고, 연곡사(鷰谷寺)·화엄사(華嚴寺)·중화사(中火寺)의 잡역(雜役)을 줄여서 매 식년마다 도작하는 것을 정식(定式)으로 삼게 하였다. _연곡봉산의 시작

기축년(1709, 1769)에 도제조(都提調) 영의정 김재로(金在魯)는 제조(提

調)인 이조 참판 이익정(李益炡)의 초기(草記)에, "연곡사 연록의 직전동(稷田洞)이 전에는 통영(統營)의 노목(櫓木)을 장양(長養)하는 땅으로 연곡의 봉산으로 획정된 뒤에 문득 토지 경계를 만들고 금양하여 율목(栗木)을 기르도록 하소서"라고 하였다. _직전동(稷田洞) 경계 확정

병인년(1746)에 도제조·제조와 아울러 상이 함께 복계하여, 연곡사의 연계(連界), 영남 하동부(河東府)의 쌍계동(雙溪洞)의 지세(地勢)가 유정하고, 산정(散淨)한 것이 율목을 많이 생산하여 한 군데에서도 잇대어 쓰기 어려운 형편이었는데, 연곡사의 예에 따라 마찬가지로 봉산과 쌍계의 신흥(神興)·칠불(七佛) 등의 사찰과 장양(長養) 사이에 각 고을에서 나누어 벌목하기 어려운 것을 정하다. _쌍계봉산의 시작

경오년(1750), 쌍계의 봉계(封界)에서 노목을 물려 정하도록 계하하였다. 호서 관동(關東)에는 봉산이 없고 열읍을 나누어 벌목하고, 호서는 두 식년에 한 차례씩, 한 번에 300그루가 넘지 않도록 벤다. _호서 관동은 따로 나누어 벤다.

두 곳 봉산 산허리의 위와 아래에 화전세를 지불할 곳을 매년 가을에 서원을 내려보내서 걷어 받아 들이고, 연곡사와 쌍계사 양 절에서 양백지를 매년 걷어 본시(本寺)에서 공용(公用)에 보탠다. _등록(謄錄)에 상세히 나와 있는 작지(作紙)와 봉산(封山)의 세를 거두는 예를 따른다.

뽕나무가 나는 해서(海西)는 봉산(鳳山) 태성평(太成坪) 황주(黃州) 두

산방(斗山坊) 경천방(敬天坊), 평산(平山) 상하월암(上下月窟)이요, 백령(白翎)은 뽕나무 병이 많고, 관서지방에는 평양(平壤) 성 밖의 원도(圓島), 강동(江東)의 추탄(錐灘), 마탄(馬灘), 고비연(高飛淵), 삼등(三登), 읍내와 강촌(江村)의 자산(慈山) 백촌(白村), 순천 강변에는 봉산이 아닌 곳에서 채취한다. 나무를 바르게 말리는 기한이 몹시 매우 급하니, 매번 일이 생길 염려가 있다. _뽕나무 베는 예

을유년(1765)에 도제조 영의정 홍봉한(洪鳳漢)이 제조인 병조 판서 구윤명(具允明)의 초기(草記)에, "연곡사 주변 계곡의 성숙한 밤나무가 거의 없어졌는데, 영광 영취산이 율목 숲이 빽빽하고, 연곡봉산의 예에 따라 사역(寺役)을 줄이고 수호하여 기르게 하라는 뜻을 해당 도신(道臣)에게 분부하는 것이 어떻겠느냐"고 하였다. 순조(純祖) 경인년(1830)에 호남 도신의 장계로 인하여 순천부(順天府) 조계산(曹溪山)의 밤나무 봉산을 지정하는 일을 본시(本寺)에서 낭관을 보내 적간하고 경계를 정하고, 송광사 승려의 역을 경감해주었다. _송광봉산의 시작

지금 임금(고종) 기사년(1869)에 영의정 김병학(金炳學)이 아뢴바, 봉상시(奉常寺)의 율목경차관이 매 식년에 돌아가며 내려가는 것이 삼남의 땅인데, 내년에는 바로 그 차례가 될 것이니 이것이 비록 정례적인 일이지만, 근래에는 밤나무를 많이 베어 폐해를 끼치고 있을 뿐만 아니라, 연로(沿路)의 주전(廚傳)이 염려스러울 뿐만 아니라, 내년에는 모든 것이 서로 방해가 되니 변통하는 일이 없을 수 없으

니, 앞으로 밤나무를 베어 가지고 가는 것과 배진(陪進)하는 것 등의 절목(節目)도 아울러 각각 별도로 정하여 차원(差員)이 거행하게 하는 것이 마땅할 것이다.

(출처: 한국학중앙연구원 장서각)

주석

1 박상진·강애경·김유정, 1993, 출토 고목재의 수종과 조직 구조에 관한 연구(I): 출토 목관재의 수종, 『보존과학회지』 2(2), pp. 3-14.

2 조윤제, 2020, 남조 고분 관재 및 봉부제 고찰을 통한 무령왕릉 목관수종 원산지 재론: 겸론 일본 금송 관재 연구의 최근 성과, 『한국학연구』 제75집, pp. 153-174: 관재로 금송이 사용된 사례는 일제강점기에 이미 부여 동하총, 익산 쌍릉의 목관에서도 보고된 바 있다. 조윤제는 岡林孝作의 논문('고분시대 목관의 용재 선택', 동성사, 2018)을 인용하며 일본 고분시대에 사용된 목관 수종은 침엽수가 89.4%, 활엽수가 10.6%였으며, 관재로 사용된 침엽수의 비율은 금송(52.6%), 삼나무(17.9%), 편백(14.3%)이었고, 특히 금송을 관재로 많이 사용한 지역은 도카이(東海) 서부, 긴키(近畿), 쎄토 내해(瀬戸內) 동부지방이었다고 보고한다. 금송은 긴키 지방의 고야산 일대에서 자생하고 있다.

3 『세종실록』 세종 2년(1420) 7월 24일.

4 한국자연사박물관 학봉장군 미라 전시관. https://historylibrary.net/entry/

5 김규혁·송윤상, 2003, 파평윤씨 모자 미라 출토 목관재의 수종 조사, 『파평윤씨 모자 미라 종합연구논문집』, 고려대학교박물관, pp. 241-242.

6 이효선, 2024, 이징 묘 출토 목재 치관제구 재질 분석, 「경상북도 청도군 고성이씨 이징 묘 출토복식 보고서」, 대구박물관.

7 박상진·강애경·김유정, 1993, 출토 고목재의 수종과 조직 구조에 관한 연구(I) 재인용.

8 『세종실록』 세종 2년(1420) 7월 24일: 예조에서 계를 하기를, "삼가 『의례경전통해(儀禮經傳通解)』 속편(續篇)을 살펴보건대, 말하기를, '군(君)은 솔로 곽을 한다' 하였는데, 주(註)에 말하기를, '군은 제후이니, 송장(松腸)을 써서 곽을 한다' 하였으니, 황장은 소나무의 속 고갱이라, 옛적에 천자와 제후의 곽을 반드시 고갱이를 쓴 것은, 그 고갱이가 단단하여서 오래 지나도 썩지 않고, (중략) 이제 대행 왕대비의 재궁은 고제에 따라, 백변(白邊)을 버리고 황장을 연폭(連幅)하여 조성하게 하소서" 하여, 그대로 좇았다.

9 『의례경전통해』는 "송대 성리학자 주자(朱子)가 「의례(儀禮)」를 경문(經文)으로 하고 「예기(禮記)」 및 기타 예서(禮書)를 전(傳)으로 하여 편집한 책이다. 주자는 가례·향례·학례·방국례를 완성하였고, 왕조례는 미완성이고, 장례와 제례는 주자 사후에 제자 황간(黃幹)이 보충하여 29책의 『의례통해속(儀禮通解續)』으로 완성하였다." [네이버 지식백과]

10　『세종실록』세종 2년(1420) 8월 8일.

11　『세종실록』세종 6년(1424) 12월 4일.

12　『세종실록』세종 10년(1428) 9월 12일.

13　살아 있을 때 미리 만든 관.

14　『세종실록』세종 22년(1440) 7월 14일.

15　한국자연사박물관 학봉장군 미라 전시관. https://historylibrary.net/entry/

16　한희숙, 2004, 조선전기 장례문화와 귀후서(歸厚署), 『조선시대사학보』31권, pp. 39-78.

17　생전에 미리 관을 짜두면 장수한다는 믿음 때문에 왕실이나 민간에서는 수기(壽器)라 불리는 관을 미리 짜두었다.

18　왕의 장례 절차는 다음과 같다. 1. 대관 제작(왕위 즉위부터 소나무로 대관을 장만하고, 매년 칠을 한다.) 2. 고명(顧命, 유언) 3. 초종(初終, 숨을 확인하는 절차) 4. 복(復, 내시가 임금이 평상시 입던 웃옷을 왼쪽으로 메고 숨을 거둔 곳의 지붕에 올라가 북쪽을 바라보며 '상위복'이라 세 번 외친다.) 5. 역복불식(易服不食, 의복을 갈아입고 금식한다.) 6. 계령(戒令, 장례를 치르는 일을 분담하고, 국장도감, 빈전도감, 산릉도감을 설치한다.) 7. 목욕(시신의 머리와 몸을 씻기고 새 의복으로 갈아입힌다.) 8. 습(襲, 수의를 입힌다.) 9. 위위곡(爲位哭)과 거림(擧臨, 왕세자 등이 곡하고, 조종에서 종친과 문무백관이 곡하고, 시신의 입에 쌀과 진주를 물린다.) 10. 설빙(設氷, 시신 아래 얼음을 넣는다.) 11. 명정(銘旌, 품계, 관직, 성씨를 기록한 명정을 세운다.) 12. 고사묘(告社廟, 승하한 지 3일째 사직 영녕전 종묘에 고한다.) 13. 소렴(小斂, 시신에 여러 겹의 옷을 입히고 이불로 감싼다.) 14. 대렴(大斂, 5일째 입관하는 절차로 90벌의 옷으로 감싸고 교를 묶는다.) 15. 치벽(治椑, 공조에서 관을 만든다. 준비해둔 대관 안쪽에 붉은 비단과 녹색 비단을 붙인다. 바닥에 쌀을 태운 재를 깔고 칠성판을 놓는다. 그 위에 요를 깔고 왕의 시신을 놓는다. 이불을 덮고 관 뚜껑을 덮는다. 왕을 모신 관을 재궁이라 부른다. 빈전에 재궁을 놓아두는 찬궁을 만든다.) 16. 성빈(成殯, 빈소를 차린다. 재궁을 찬궁에 넣고 빈전에 모신다.) 17. 성복(成服, 6일째 상복을 입는다.) 18. 사위(嗣位, 왕세자가 왕위를 계승한다.) 19. 반교서(頒敎書, 정전에 나아가 즉위하였음을 반포한다.) 20. 고부청시청승습(告訃請諡請承襲, 왕위계승 인준 절차로 묘호, 시호, 능호 등을 표문과 전문 정한다.) 21. 청시종묘(請諡宗廟, 종묘에 시호를 알리고 시보와 시책을 올린다.) 22. 계빈(啓殯, 왕이 승하한 지 5개월 되면 발인을 위해 빈전에 봉안된 찬궁을 열고 재궁을 꺼낸다.) 23. 조전(祖奠, 발인 전날 저녁 예찬을 올린다.) 24. 발인(發引, 늦은 밤에 왕릉으로 향한다. 왕릉 도착 후 재궁은 정자각 안에 봉안하고 녹로를 이용하여 재궁을 내리고 왕릉을 조성한다.)

19　황장과 관련된 용어를 정의하면 다음과 같다. 황장(목): 황장산에 자라는 심재 부위(속 고갱이)가 누런 소나무. 황장판: 황장목을 벌채하여 한양으로 운송할 재궁용 판자. 황장산: 황장목이 자라는 산. 황장금산: 황장목이 자라는 금산. 황장봉산: 황장목이 자라는 봉산. 황장(목)경차관: 중앙 정부의 필요에 따라 황장판 수급 임무를 띠고 지방에 파견된 관리.

20 장경희, 2020, 19세기 장생전의 황장목 수급 실태 연구:『장생전황장등록』의 분석을 통하여,『역사민속학』58, pp. 199-240.

21 『국조오례의』는 1474년(성종 5년) 신숙주와 정척이 편찬했으며, 국가의 기본 오례인 길례(吉禮), 가례(嘉禮), 빈례(賓禮), 군례(軍禮), 흉례(凶禮)에 관한 예법 책이다.

22 『춘관통고』는 1788년(정조 12년)에 유의양이 오례의 역사와 실천 예제를 편찬한 필사본이다.『국조오례통편』등에 기반을 두며 조선시대 모든 국가 제례를 망라하고 있다.

23 한예원, 2016, 조선시대 유교적 죽음 이해: 생사, 귀신, 제사 개념을 중심으로, 『동양철학연구』87권, pp. 131-159.

24 『국조오례의』凶禮 大夫士庶人 喪儀, 治棺.

25 한국자연사박물관 학봉장군 미라 전시관. https://historylibrary.net/entry/

26 디지털『장생전황장등록(長生殿黃腸謄錄)』K2-2483 해제.

27 살아 있을 때 미리 만들어두는 관(棺).

28 『세종실록』세종 26년 7월 17일.

29 이현진, 2018, 조선시대 장생전(長生殿)의 설치와 운영,『진단학보』131, pp. 117-146.

30 『중종실록』중종 36년(1541) 10월 4일.

31 장경희, 2020, 19세기 장생전의 황장목 수급 실태 연구:『장생전황장등록』의 분석을 통하여,『역사민속학』58, pp. 199-240.

32 『인조실록』인조 12년(1634) 11월 2일.

33 『인조실록』인조 20년(1642) 11월 3일.

34 『효종실록』효종 4년(1653) 6월 29일.

35 『영조실록』영조 26년(1750) 7월 26일.

36 『정조실록』정조 22년(1798) 12월 30일.

37 『순조실록』순조 17년(1817) 12월 1일: 동원부기는 왕실에서 쓰던 관곽(棺槨)인 동원비기(東園秘器)를 만들고 남은 판재다.

38 『영조실록』영조 47년(1771) 4월 12일.

39 이현진, 2018, 조선시대 장생전(長生殿)의 설치와 운영,『진단학보』131, pp. 117-146.

40 『육전조례』(1866) 권10 공전 장생전 총례: 總例預備梓宮元以十部定式, 今爲五部. 新造合木後, 間一日, 準百度着漆初度全漆二升, 每漆一升, 再度全漆一升五合, 每漆一升五合, 自三度至百度, 每度全漆一升, 每漆一升. 百度後, 則每歲一度加漆每部每漆二升. 自四月至八月, 每朔曝曬. 七星板亦新造, 則準百度

着漆, 初度全漆三合, 每漆三合, 自再度至百度, 每度全漆一合五夕, 每漆一合五夕, 歲一度加漆, 每部每漆三合. "총례적으로 예비 재궁(梓宮)은 원래 10부(部)의 정식이 지금 오부(五部)가 되었습니다. 새로 만든 나무를 새로 만든 뒤에 하루를 걸러 옻칠을 한 것이 1백 5가칠에 전칠(全漆)한 것이 1두(斗)이고 매칠(每漆)이 1되, 두 번 전칠(全漆)이 1되 5홉인데, 매칠(每漆) 1승(升) 5홉(合)을 3번부터 100번까지 칠한 것마다 전칠(全漆) 1되마다 1되씩 매칠을 합니다. 모든 일이 끝난 뒤에는 해마다 한 차례마다 가칠마다 1부마다 2되를 가칠합니다. 칠성판(七星板)도 새로 만들면 100번 옻칠을 하고 1차(次)에 전칠(全漆) 3홉(合)을 1차마다 100번씩 칠한 뒤에 매번 전칠(全漆) 1홉 5사(勺)를 매칠(每漆) 1홉 5사(勺)에 1차마다 가칠(加漆)하고 매 부마다 3홉씩 칠합니다."

41 『영조실록』 영조 4년(1729) 11월 17일.

42 이장우, 1990, 조선초기의 損實敬差官과 量田敬差官, 『국사관논총』 12, pp. 40-56; 『성종실록』 성종 8년(1477) 윤2월 14일.

43 교남문화유산, 2019, 조선후기 산림정책의 변화와 율목봉산제 운영에 관한 연구, 산림청.

44 『광해군일기』 광해 10년(1618) 10월 20일; 『광해군일기』 광해 11년(1619) 4월 1일.

45 『속대전』(1746), 禮典 雜令(各道黃腸封山等處).

46 장경희, 2020, 19세기 장생전의 황장목 수급 실태 연구:『장생전황장등록』의 분석을 통하여, 『역사민속학』 58, pp. 199-240.

47 『장생전황장등록』 장서각 k2-2483.

48 『만기요람』 재용 편 5 송정(松政) 각도 봉산(封山).

49 『대동지지』 고전번역원 한국고전종합DB.

50 장경희, 2020, 19세기 장생전의 황장목 수급 실태 연구:『장생전황장등록』의 분석을 통하여, 『역사민속학』 58, pp. 199-240.

51 『장생전황장등록』 k2-2483 을유유월십구일.

52 귀후서에서 공용으로 제공한 관곽은 2품직 이상의 문무관과 국장에 참여하지 못한 종친에게 제공했다. 그 밖에 정3품 당상관 또는 세자의 빈료(賓僚), 후궁, 궁녀, 명나라 사신에게도 제공했다.

53 한희숙, 2004, 조선전기 장례문화와 귀후서(歸厚署), 『조선시대사학보』 31권, pp. 39-78.

54 한희숙, 2004, 조선전기 장례문화와 귀후서(歸厚署), 『조선시대사학보』 31권, pp. 39-78.

55 『성종실록』 성종 24년(1493) 5월 21일: 귀후서에 30명의 인거군이 관을 만들고 있다.

56 관재는 두께 2치로 규정했지만, 실제 거래되는 것은 두께 2.5치의 판재였다. 판

재의 길이 6자, 폭 2자, 두께 2.5치의 송판 부피는 25재(0.081㎥)이고, 무게는 약 38kg(81kg×비중 0.47)에 달한다. 같은 크기의 2치 두께 송판의 무게는 30kg이다. 대전시 중구 목달동에서 발굴된 학봉장군의 곽에 사용된 목재의 부피는 50재(0.162㎥)이고 한 장당 무게는 76kg이다.

57 울진문화원, 1998, 『울진군의 설화』, 울진문화원.

58 『묵재일기(默齋日記)』 1562년 2월 1일자: "招安命石令造棺, 棺木買於場市, 給木二匹."

59 국사편찬위원회, 2020, 『국역 노상추 일기』 10, 1803년 6월 6일자 일기.

60 국사편찬위원회, 2020, 『국역 노상추 일기』 12, 1825년 8월 25일자 일기: "관재를 산 지 벌써 19년이나 되었다. 병이 언제 생길지 모르므로 지금 관재를 다듬어서 관을 완성하고서 남은 날을 기다릴 계획을 하고서 어제부터 일을 시작하였다."

61 국사편찬위원회, 2020, 『국역 노상추 일기』 12, 1826년 6월 14일자 일기.

62 『중종실록』 중종 33년(1538) 2월 28일.

63 『인조실록』 인조 26년(1648) 11월 30일.

64 『현종실록』 현종 즉위년(1659) 5월 6일.

65 『현종개수실록』 현종 1년(1660) 6월 9일.

66 『성종실록』 성종 19년(1488) 8월 24일: "귀후서의 판목(板木)을 강변(江邊)에 위치한 모든 고을에 나누어 배정하고 이를 무역(貿易)하여 물에 띄워 내려보낸 지 오래다. 도내의 단양군은 백성들이 본래 피폐하고 경내의 모든 산에서 해마다 나무를 베어내어 남은 제목이 없을 것이니, 진실로 한둘의 민호(民戶)에서 독단으로 판비(辦備)할 바 아닐 것이다. 그러기에 부근 경상도의 풍기·예천 등 경계에서 베어 오는 한 나무에 끌어오는 인부가 거의 2, 3백 명에 이르고 큰 재를 넘는데 백성들이 몹시 고통스러워한다. 이 까닭으로 유민(流民)이 뒤를 이어 날이 갈수록 피폐해지니 구원하지 않을 수 없다."

67 『중종실록』 중종 7년(1512) 5월 14일.

68 『승정원일기』 숙종 3년(1677) 3월 21일: "공인을 시켜 관판을 9석(石) 3두(斗)의 쌀로 사서 바치게 하는데, 싼값으로 품질이 좋은 관재를 살 수 없으며, 극상품 관판 1부(部)는 은자(銀子) 30여 냥으로, 9석(石) 3두(斗)의 쌀값보다 2, 3배에 이르니, 이 때문에 시전 상인들이 지탱할 수 없다."

69 『승정원일기』 숙종 3년(1677) 3월 21일.

70 『승정원일기』 숙종 7년(1681) 8월 14일.

71 『비변사등록』 영조 15년(1739) 10월 16일.

72 비변사 엮음, 조영준·최주희 옮김, 2019, 『공폐: 조선후기 공물 제도 운영의 병폐』, 아카넷.

73 『승정원일기』 효종 5년(1654) 3월 3일.

74 『승정원일기』 현종 8년(1667) 10월 4일.

75 『승정원일기』 현종 9년(1668) 8월 10일.

76 『승정원일기』 현종 14년(1673) 9월 6일.

77 『승정원일기』 숙종 11년(1685) 3월 17일.

78 『비변사등록』 숙종 19년(1693) 3월 25일.

79 『비변사등록』 숙종 19년(1693) 5월 19일.

80 『비변사등록』 숙종 33년(1707) 6월 21일.

81 물금첩문을 지닌 사람에 대해서는 관부에서 금지하는 일이나 활동을 금하지 못하게 되어 있다.

82 『속대전』은 1746년(영조 22년)에 간행된 조선 후기의 법전이다.

83 『목민심서』 공전 6조, 금송의 목재를 도벌하는 행위 금지(商賈, 潛輸禁松之板者, 禁之. 謹於法而廉於財, 斯可矣), 다산연구회.

84 『공폐』에는 상급품 송판인 무백변판은 40냥이라 밝히고 있으며, 따라서 관 제작에 송판 5부가 필요하기에 관가는 200여 냥에 달한다.

85 『대전통편』(1785)에는 "그사이 혁파된 귀후서가 선공감(繕工監)에 소속되었고 모든 예장(禮葬)은 선공감의 관원이 겸하는데, 만일 왕이 구재(柩材, 관곽을 짜는 목재)를 하사하면 원공(元貢)의 예에 따라 선혜청(宣惠廳)에서 그 값을 대신 지급한다"는 내용이 새로 추가되었다.

86 『성종실록』 성종 24년(1493) 5월 21일: "상을 당한 자가 갑자기 사려면 관 하나의 값이 비싸서 포(布)로 10여 필(匹)이나 되는데, 아전이 값을 받아 반을 관가에 바치고 나머지는 다 스스로 쓴다 하니, 매우 옳지 않습니다" 하니, 임금이 말하기를, "이것은 반드시 법(法)이 있어도 관리(官吏)가 봉행(奉行)하지 못하기 때문일 것이다" 하였다.

87 『연산군일기』 연산 8년(1502) 3월 29일: "판목의 미악(美惡)에 따라 상중하(上中下)의 값으로 정합니다. 근래에 참의 이거가 졸(卒)하여 그 집에서 본서(本署)에서 관판(棺板)을 사들였는데, 이미 납부한 중등의 가포(價布) 4필(匹)입니다."

88 면포 1필(쌀 4~5말)의 가격은 평균적으로 4~5냥 내외였다.

89 『승정원일기』 숙종 3년(1677) 3월 21일.

90 『승정원일기』 숙종 7년(1681) 8월 14일.

91 비변사 엮음, 조영준·최주희 옮김, 2019, 『공폐: 조선후기 공물 제도 운영의 병폐』, 아카넷.

92 『탁지지』는 호조의 옛 사례를 모은 책으로, 1788년(정조 12년) 박일원(朴一源)이 왕명을 받들어 편찬하였다: "內篇 卷1 官制部 各房式例 別例房 事例에는 從一品, 木綿七疋, 棺·槨價各木綿十五疋, (중략) 從二品, 至堂上曾經二品實職. 木綿五疋, 棺價木綿十五疋."

93 국사편찬위원회, 2020, 『국역 노상추 일기』 10, 1815년 4월 2일자 일기.

94 서울역사박물관, 2023, 『조선후기 한성부 토지·가옥 매매문서 1』.

95 1두락(마지기)은 한 말[斗]의 종자를 파종할 만한 면적으로, 지역에 따라서 150~300평으로 다양하게 산정한다.

96 국사편찬위원회 수집 사료 해제집, 만산고택, 봉화 진주 강씨편, 土地賣買明文 金聖宗/金命欽, 1759년 답 3두락을 전문 27냥에 방매 기록.

97 Ki-Joo Park and Donghyu Yang, 2007, The Standard of Living in the Chosŏn Dynasty Korea in the 17th to the 19th Centuries, 『Seoul Journal of Economics』, Vol. 20, No. 3, pp. 297-332.

98 『원소정례』 현륭원(顯隆園) 편(編), 디지털 장서각, 1792년 10월.

99 전영우, 2024, 조선의 제재용 톱은 누가 제작했을까, 『숲과문화』 33권 1호.

100 서울역사박물관, 2024, 『조선후기 한성부 토지·가옥 매매문서 1』 보도자료.

101 국사편찬위원회, 『한국문화사』 8권, 화폐와 경제 활동의 이중주, 제2장 금속 화폐 시대의 돈, 3. 화폐와 경제생활: "18세기 중엽에는 은화 1냥은 동전 2~3냥 수준이었다."

102 현재 화장용 오동나무 관(185cm×48cm[아래 42cm]×33cm, 두께 1.8cm 집성목)의 가격은 25만 원, 매장용 오동나무 관(195cm×55cm[아래 44cm]×38cm, 두께 4.5cm 집성목)은 85만 원, 향나무 관(196cm×54cm[아래 42cm]×42cm, 두께 4.5cm 집성목)은 210만 원 내외로 거래되고 있다.

103 한국인구학회, 2016, 『인구대사전』, 통계청: 한국인구학회는 조선시대의 인구를 1700년에 1,435만 명, 1800년에 1,843만 명으로 추계했다. 편의상 17~18세기의 인구는 그 평균인 1,670만 명으로 상정했다.

104 황상익은 조선시대의 평균수명을 높은 영·유아 사망률 때문에 35세로 추정(황상익, 2013, 『근대 의료의 풍경』, 푸른역사)하였고, 민영진과 이철구 등은 조선시대 환관(평균수명 70세)이 동시대 양반들(평균수명 51~56세)보다 최소 14년 이상 오래 살았다는 연구를 보고(Kyung-Jin Min, Cheol-Koo Lee, Han-Nam Park, 2012, The lifespan of Korean eunuchs, Current Biology 22(18):R792-3)한 바 있다.

105 일제시대의 연평균 사망자 숫자는 1,000명당 25명으로 매년 35만~40만 명이 사망했다. 이를 조선 후기 추정 인구 1,670만 명에 대입하면 매년 사망자는 417,500명에 달한다(참고: 나무위키 사망률).

106 우리 역사넷, 신편 한국사 조선후기의 사회, 양반 인구의 증가.

107 전영우, 2022, 『조선의 숲은 왜 사라졌는가』, 조계종출판사.

108 김동욱, 1993, 특집-금속과 건축: 철제연장의 변천과 조선시대 건축, 『건축』 37(1), pp. 42-47.

109 문화재청, 2004, 『강화정수사 법당 실측·수리보고서』: 강화도 정수사 법당에 사

용된 목부재는 1523년과 1584년에 벌채된 소나무로, 이때 사용된 목재에서 잉거톱의 사용 흔적이 나타났다. 톱질의 깊이가 두 사람이 톱질할 때 능률을 올릴 수 있는 0.9~1.1㎝로 확인되었다.

110 다음과 같은 다양한 논문에서 조선시대 철물 제작과 장인을 다루고 있지만 톱 제작 및 장인에 관한 연구는 없다. 장경희, 2014, 조선시대 철물제작 장인 연구, 『조형디자인연구』 제17권 제1호, pp. 49-75; 이상명, 2016, 조선후기 산릉공역의 철물 조달과 철제품 제작, 『한국건축역사학회 논문집』 제25권 제5호, pp. 27-40; 이권영·김왕직, 2007, 조선 후기 관영 건축공사에 있어서 철물과 철제연장의 공급체계에 관한 연구, 『건축역사연구』 16(3), pp. 95-114; 이권영·김순일, 1999, 조선 후기 궁궐 공사의 목재 치련에 관한 연구, 『건축역사연구』 8(1), pp. 9-28; 문혜진, 2019, 울산의 대장간 문화, 『언양 매일대장간 박병오의 사례 연구』, 울산학연구원: 이들 전문가의 연구와 달리 개인 블로거(https://blog.naver.com/laguel)가 "조선 대장장이는 무엇을 만들고 어떻게 팔았을까?"란 주제를 일본과 중국의 사례를 들면서 조선의 철물 제작과 유통을 잘 정리하고 있다.

111 鈴木俊昭, 2015, 近世における前挽き鋸産地と前挽き鋸鍛冶職人についての考察 (http://www.misyuku-suzuki-kanamonoten.com/dougunorekisi.html)

112 단국대학교에서 발행한 한자 사전에는 "걸거는 한쪽에 자루가 박혀 있어 혼자서 쓰는 톱으로, 일명 '거도(鋸刀)'라고도 한다"고 밝히고 있다.

113 『화성성역의궤』, 卷5 財用 上 204項.

114 김동욱, 1990, 조선후기 건축공사에 있어서의 공장도구에 관한 연구: 위궤서에 기록된 도구 명칭의 분석을 중심으로, 『대한건축학회 논문집』 6(2), pp. 71-79.

115 김동욱, 1993, 철제 연장의 변천과 조선시대의 건축, 『건축』 37권 1호, 대한건축학회.

116 이왕기, 1994, 조선후기의 건축도구와 기술, 『한국전통과학기술학회지』 1(1), pp. 41-66.

117 崔ゴウン, 2014, 韓国における大工道具研究の現況, 竹中大工道具館研究紀要 第25号, pp. 71-93.

118 일본의 오가(大鋸)는 조선의 잉거톱(引鋸)을 말한다.

119 16세기 말경에 일본에서 개량된 새로 켜기용 톱으로 혼자서 사용할 수 있다. 앞으로 당기기 때문에 '前挽鋸'란 이름이 붙었다.

120 渡邊 晶, 2002, わが国近世以前における伐木·製材用道具について― 木の建築をつくる技術と道具の歴史に関する調査報告その4―, 竹中大工道具館研究紀要 14(0), pp. 1-58.

121 渡邊 晶, 1995, 近世の建築用の鋸について―伝世鋸をはじめとした関連資料の調査報告 その５―, 竹中大工道具館研究紀要第7号, 1995年 6月.

122 崔ゴウン, 2014, 韓国における大工道具研究の現況, 竹中大工道具館研究紀要 第25号, pp. 71-93.

123 개인이 사용할 톱을 대장장이에게 주문한 사례는 이문건의『묵재일기』에 기록되어 있다.

124 『연산군일기』연산 8년(1502) 3월 29일에 관재를 켜는 전문 잉거군 등장.

125 국사편찬위원회, 1998,『한국사료총서』제41집 '默齋日記'.

126 문화재청, 2004,『강화 정수사 實測·修理報告書』에 1553년 3중창 법당 목부재의 잉거톱질 흔적.

127 渡邉晶, 2023, 木の建築をつくる技術と道具の歴史, 2023년 추계학술대회 발표논문집,『전통건축과 장인 그리고 도구』, (사)한국건축역사학회.

128 이종석, 1986,『한국의 목공예』, 열화당.

129 『승정원일기』1724년(영조 즉위년): "밤에 가칠하는 것은 도끼나 줄[鑢]을 댄 자국이 남아 있습니다."

130 『승정원일기』1731년(영조 7년): "야금하고 주조하는 도구는 아무리 넓게 펼쳐 놓아도 한 곳에 설치할 수 있는 것이 줄[鑢] 30개에 불과하니, 시일을 끄는 폐단을 면하기가 어려운 형편입니다. 하지만 지금 두 아문에서 동시에 나누어 설치하게 한다면 속히 끝마칠 수 있을 것입니다."

131 1759년(영조 35년)에 펴낸 「가례도감의궤영조정순왕후」의 하권 이방 위계에 대인거군 소용이 나오고, 줄장(乽匠) 안세휘(安世輝) 등 9명 시상, 1776년(정조 즉위년)에 펴낸 「경모궁악기조성청의궤」에 줄장 등장, 1781년(정조 5년)에 펴낸 「영종대왕실록청의궤」에 줄장(乽匠) 김수흥(金守興), 1789년(정조 13년)의『일성록』에 화성 성역의 장인들 시상 명단에 줄장(乽匠) 김복대(金福大)가 나온다.

132 장경희, 2014. 조선시대 철물 제작 장인 연구,『조형디자인연구』제17권 제1호, pp. 49-75.

133 김세린, 2022, 17~18세기 왕실 공역에 나타난 야장의 유형과 역할, 이화여자대학교 한국문화연구원 정기학술대회 자료집,「조선 왕실과 공예품」, pp. 21-35.

134 입사장(入絲匠)은 금속기물의 표면을 작은 정으로 쪼아 다른 금속을 끼워 넣거나 덧씌워 무늬를 놓는 장인을 일컫고, 쇄약장(鎖鑰匠)은 어보(御寶)의 보안을 위해 사용된 자물쇠와 열쇠를 만드는 장인을 일컫는다.

135 김동욱, 1990, 조선후기 건축공사에 있어서의 공장도구에 관한 연구: 의궤서에 기록된 도구 명칭의 분석을 중심으로,『대한건축학회 논문집』6(2), pp. 71-79; 김동욱, 1993, 특집-금속과 건축: 철제연장의 변천과 조선시대 건축,『건축』37(1), pp. 42-47; 이왕기, 1994, 조선후기의 건축도구와 기술,『한국전통과학기술학회지』1(1), pp. 41-66; 이권영·김순일, 1999, 조선후기 궁궐 공사의 목재 치련에 관한 연구,『건축역사연구』8(1), pp. 9-28; 이권영·김왕직, 2007, 조선후기 관영 건축공사에 있어서 철물과 철제연장의 공급체계에 관한 연구,『건축역사연구』16(3), pp. 95-114; 장경희, 2014, 조선시대 철물제작 장인 연구,『조형디자인연구』제17권 제1호, pp. 49-75; 이상명, 2016, 조선후기 산릉공역의 철물 조달과 철제품 제작,『한국건축역사학회 논문집』제25권 제5호, pp. 27-40;

문혜진, 2019, 울산의 대장간 문화, 『언양 매일대장간 박병오의 사례연구』, 울산학연구원; 김세린, 2022, 17~18세기 왕실공역에 나타난 야장의 유형과 역할, 이화여자대학교 한국문화연구원 정기학술대회 자료집, 『조선왕실과 공예품』, pp. 21-35.

136 이상룡, 1981, 『이제 이 조선톱에도 녹이 슬었네: 조선 목수 배희한의 한평생』, 뿌리깊은나무.

137 鈴木俊昭, 2015, 近世における前挽き鋸産地と前挽き鋸鍛冶職人についての考察 (http://www.misyuku-suzuki-kanamonoten.com/dougunorekisi.html)

138 今井 真司, 2003, 館所蔵「鋸」資料について, 下川町ふるさと交流館年報 12, pp. 7-19, 2003-11.

139 https://www.kiyond.com/taniguti.html

140 鈴木俊昭, 2011, 鋸目立て専門職の誕生について(「左官鏝·道具」の(有)スズキ金物店「鋸目立て専門職の誕生について 1」(misyuku-suzuki-kanamonoten. com)

141 일본의 전통 제재 톱 연구 현황 중 전통 목공도구(톱)를 다룬 출판물은 다음과 같다: 東京府勧業課, 1879, 「東京名工鑑」; 村松貞次郎, 1973, 「大工道具の歴史」; 吉川金次, 1966, 「日本の鋸」私家版; 吉川金次, 1976, 「ものと人間の文化史 / 鋸」, 村松貞次郎; 岡本茂男, 1978, 「続·道具曼陀羅」; 平澤一雄, 1980, 「産業文化史 / 鋸」; 土田一郎, 1989, 「日本の伝統工具」; 桑田 優, 2010, 「伝統産業の成立と発展―播州三木金物の事例―」鈴木 俊昭, 2011, 「日本の大工道具職人」; 鈴木 俊昭, 2012, 「続·日本の大工道具職人」; 鈴木 俊昭, 2015, 「大工道具文化論」. 일본의 제재 톱 관련 논문은 다음과 같다. 土屋安昌·石村具美, 1991, 「六道絵の大鋸」竹中大工道具館研究紀要 第 3 号; 渡邊 晶, 1995, 近世の建築用の鋸について―伝世鋸をはじめとした関連資料の調査報告 その 5 ―, 竹中大工道具館研究紀要 第 7 号; 赤沼かおり·福井幸子, 1997, 「日本近世以前における鋸の使用法」竹中大工道具館研究紀要 第 9 号; 渡邊 晶, 2002, わが国近世以前における伐木·製材用道具について― 木の建築をつくる技術と道具の歴史に関する調査報告その4 ―, 竹中大工道具館研究紀要 14: 1-58; 今井 真司, 2003, 館所蔵「鋸」資料について, 下川町ふるさと交流館年報 12: 7-19; 星野欣也·植村昌子, 2008, 近世·近代における前挽鋸の変遷について小林コレクションに見られる「七郎右衛門」前挽鋸を中心に 竹中大工道具館研究紀要 19: 3-27; 滋賀県甲賀市教育委員会, 「甲賀前挽鋸の誕生―発見された前挽鋸鍛冶の古文書から―」2015年 5 月, 中村琢巳·河井良三·星野欣也, 2017, 竹中大工道具館所蔵「河井コレクション前挽大鋸」の 鍛冶銘-形状と時代変遷, 竹中大工道具館研究紀要 第28号: 1-17.

142 「近世職人尽絵巻」19世紀 東京国立博物館文化遺産, 大道商人(書画売)·錠前直し(자물쇠 수리)·鋸目立(톱날 갈기)·床屋(이발사)가 묘사되어 있다.

143 1889년(明治22)에 創刊된 雑誌 「風俗画報」에 게재된 「新撰百工図」의 양날톱.

144 渡邉 晶, 2002, わが国近世以前における伐木・製材用道具について— 木の建築をつくる技術と道具の歴史に関する調査報告その4 —, 竹中大工道具館研究紀要 14(0), pp. 1-58.

145 星野欣也・植村昌子. 2008, 近世・近代における前挽鋸の変遷について小林コレクションに見られる「七郎右衛門」前挽鋸を中心に 竹中大工道具館研究紀要 第19号: 3-27.

146 長野市立 博物館だより 第108号(2018. 12. 28) - 長野市.

147 일본에서 최초의 공장식 제재소는 1864년의 하코다테(函館)에서 가동되었으며, 4년 뒤 요코스카(橫濱賀)에서 뒤이어 가동했다.

148 鈴木俊昭, 2015, 近世における前挽き鋸産地と前挽き鋸鍛冶職人についての考察 (http://www.misyuku-suzuki-kanamonoten.com/dougunorekisi.html)

149 교토 대장장이 주 동료(鋸鍛冶)의 규정은 다음처럼 엄격했다. ①톱은 길이 1척 8치(약 54.5cm), 폭 1척 2치(약 36.4cm)로 제작. ②제품에 상호를 새길 것. ③매년은 5장을 상납할 것. ④제자나 장인, 친척에게 대장장이 대장직을 시키지 말 것. ⑤위반할 때는 도구 세트와 권리를 몰수함.

150 에도시대의 옥강('和鋼'이라고도 한다)은 일본 고래의 타타라 제철(たたら製鐵)로 정련된 강철이다.

151 Duet Vol.116 国の重要有形民俗文化財指定甲賀の前挽鋸(サンライズ出版), 2015: 고가의 마에비키 오가의 제작과 관련된 다양한 유물과 기록은 일본 국가 지정 중요유형민속문화재(2015.03.02.) 및 임업유산(2020)으로 지정되었다. 지정된 유물은 마에비키 오가의 제조 공정에 사용된 용구와 제품을 중심으로 검품・측정 용구, 판매 용구, 장인의 신앙 용구 등 제조 용구 945점, 제품 329점, 총 1,274점으로 구성되어 있다. 그 외, 마에비키 오가의 유통을 나타내는 각지의 주문서 기록류 418점도 있다. 현재 고가시 고난 교류관에 보관되어 상설 전시되고 있다.

152 '템퍼링'이라고도 한다. 경도를 낮추고, 점성(粘性)을 높이기 위한 열처리 방법이다.

153 鈴木俊昭, 2015, 近世における前挽き鋸産地と前挽き鋸鍛冶職人についての考察 (http://www.misyuku-suzuki-kanamonoten.com/dougunorekisi.html)

154 星野欣也・植村昌子, 2008, 近世・近代における前挽鋸の変遷について小林コレクションに見られる「七郎右衛門」前挽鋸を中心に 竹中大工道具館研究紀要 第19号:3-27.

155 中村琢巳・河井良三・星野欣也, 2017, 竹中大工道具館所蔵「河井コレクション前挽大鋸」の 鍛冶銘・形状と時代変遷, 竹中大工道具館研究紀要 第28号:1-17.

156 今井 真司, 2003, 館所蔵「鋸」資料について, 下川町ふるさと交流館年報 12, pp. 7-19, 2003-11: 이 연보에 실린 오가 톱의 제작 방법은 다음과 같다. 톱 형태에

맞추어 철판을 재단하고, 톱 철판에 톱자루 날을 부착한다. 그라인더로 형태를 잡은(성형) 후, 화로에서 가열하여 망치로 두드려 형태를 잡는다. 담금질과 뜨임 질을 한 후, 톱니를 새긴 후, 톱니를 날카롭게 간 후, 마지막에 명문을 새긴다.

157 長野市立 博物館だより 第108号(2018. 12. 28) - 長野市

158 滋賀県, 「森の名手·名人」のご紹介, 2016年 7月 4日, FOXFIRE JAPAN 第2回作 品集「木の命 山の神様から」.

159 Conrad Totman, 1989, 『The Green Archipelago: Forestry in Pre-Industrial Japan』, Ohio Univ. Press: 토트만은 1601~1866년 사이에 에도성에서 2년 9개 월마다 발생한 큰불로 대량의 주택복구 건축재가 필요했으며, 인구가 많았던 오 사카와 나고야 역시 주요 목재 소비처였다고 밝힌다.

160 에도시대가 되면서 도검 수요가 감소함에 따라 도검 대장장이는 톱, 줄, 농구, 일 반 칼을 생산하는 다양한 전문 대장장이로 전직했다.(참고: https://www.kiyond. com/taniguti.html)

161 鈴木俊昭, 2015, 近世における前挽き鋸産地と前挽き鋸鍛冶職人についての考 察 (http://www.misyuku-suzuki-kanamonoten.com/dougunorekisi.html)

162 中村琢巳·河井良三·星野欣也, 2017, 竹中大工道具館所蔵「河井コレクシ ョン前挽大鋸」の 鍛冶銘·形状と時代変遷, 竹中大工道具館研究紀要 第28 号:1~17.

163 미키시는 효고현 남부의 히가시하리마 지방에 위치하며 고베 도시권에 포함된다.

164 Duet Vol. 116 国の重要有形民俗文化財指定 甲賀の前挽鋸(サンライズ出版), 2015.

165 시치로 우에몬의 상호는 『商人賣物獨案内』(1833), 『内國勸業博覽會出品解説』 (1877), 『前挽鋸製造業 組合』(1902), 『大日本鐵物明鑑』(1908)에 등재되어 있 다.

166 中村琢巳·河井良三·星野欣也, 2017, 竹中大工道具館所蔵「河井コレクシ ョン前挽大鋸」の 鍛冶銘·形状と時代変遷, 竹中大工道具館研究紀要 第28 号:1~17.

167 星野欣也·植村昌子, 2008, 近世·近代における前挽鋸の変遷について小林コ レクションに見られる「七郎右衛門」前挽鋸を中心に 竹中大工道具館研究紀 要 第19号:3~27.

168 1789년(정조 13년)에 펴낸 『호구총수(戶口總數)』에 의하면 한양의 인구는 189,153명이었고, 두 번째로 인구가 많았던 평양은 100,590명이었다. 그다음 순 으로 의주 89,970명, 충주 87,731명, 전주 72,505명, 경주 71,996명, 함흥 71,182 명, 상주 70,497명, 진주 69,495명, 길주 65,202명 순이었다.

169 Edo Tokyo Digital Museum, Tokyo Metropolitan Library. https://www. library.metro.tokyo.lg.jp/portals/0/edo/

170　Conrad Totman, 1989, 『The Green Arachipelago Forestry in Pre-Industrial Japan』, Ohio Univ. Press.

171　나카무라 사토루·박섭, 2007, 『근대 동아시아 경제의 역사적 구조』, 일조각: 이 책에서 저자는 "1871년 메이지유신 직후의 일본의 총세입은 1255만 석으로, 에도막부의 전성기보다 약간 규모가 줄어든 수준이었으며, 막부 직할령의 세수는 총세입의 1/4 수준인 300만 석 정도였다고 보고한다. 한편 18-19세기 조선의 총세입은 96만 석으로 일본 총세입의 1/13 정도였고, 막부 직할령 세입의 불과 1/3 수준이었다.

175　『신증동국여지승람』 제3권, 비고편-동국여지비고 제2편, 고전번역원.

173　『영조실록』 영조 6년(1730) 10월 11일: "장목전이 있는 까닭에 집을 팔려는 자가 모두 집을 뜯어 재목을 전포에 주고 터는 밭을 만들어 경작하고 있는데, 일찍이 대간(臺諫)의 계청으로 금하였지만 지금도 그 폐단은 그 전과 같습니다. 각별히 신칙할 것을 청합니다" 하니, 임금이 그대로 따랐다.

174　『정조실록』 정조 1년(1777) 11월 20일.

175　『승정원일기』 영조 7년(1731) 4월 13일: "근래 기강이 해이해져 백성들이 법을 두려워하지 않습니다. 장목전(長木廛)에서 집을 헐고 재목을 뜯어내 매매하는 일에 대해서 지난번에 연석에서 아뢰어 금한 뒤에 근래에 또다시 이전처럼 마음대로 전포(廛鋪)를 설치하고 곳곳마다 가사(家舍)를 철거하여 대전(垈田)을 만들어 벼와 보리를 심으니, 보기에 한할 뿐만 아니라 시민(市民)들이 국가의 법령을 따르지 않는 것은 더욱더 가증스럽습니다."

176　제국신문 1905년 6월 12일자 광고는 "南署棗洞長木廛上石手都家下六十三統八戶瓦家十三間을放賣코져ᄒ니願買人은來議ᄒ시오"이고, 6월 14일자 광고는 "南署 明禮坊 棗洞 長木廛 上家 南便大路邊 北向 大門 六十三統 八戶 瓦家十三間을將欲放賣而(장차 방매하고자 하니) 中間作戲人(중간에 소개할 사람)이 渠已買得(싼값으로 살 수 있다 하니)이라ᄒ니 家主가不賣之屋을 他人이 何以買得乎(의심스러운 사람을 부리지 말고)잇가願買人(사려는 사람)은勿疑(의심스러운 사람을 부리지 말고 직접 오시오 來議ᄒ시오."

177　奈良県 吉野林業 (https://www.pref.nara.jp/7429.htm)

178　Junichi Iwamoto, 2002, The Development of Japanese Forestry, 『Forestry and the Forest Industry in Japan』, edited by Yoshiya Iwai, University of British Columbia Press.

179　Shuichiro Kajima·Yuta Uchiyama·Ryo Kohsaka, 2020, Intellectual Property Strategies for Timber and Forest Products: The Case of Regional Collective Trademark Applications by Japanese Forestry Associations, Sustainability 2020, 12(5).

180　美季丸山, 1996, 近世西川地方における山方荷主町田家の江戸材木問屋経営: 文政期の深川への出店を中心に, 学習院大学人文科学論集 (5), 1-31, 1996-09-30.

181　中西聡, 2021, 近代日本の木材市場と材木商の活動·大阪·名古屋·東京市場を中心に, 「三田学会雑誌」114巻2号(2021年7月): 오사카의 경우, 1622년에 니시구(大阪市西区)의 입매 호리카와(立売堀川)에서 최초로 목재 시장이 개설되었다고 한다.

182　鈴木俊昭, 2011, 鋸目立て専門職の誕生について(「左官鏝·道具」의(有)スズキ金物店「鋸目立て専門職の誕生について 1」(misyuku-suzuki-kanamonoten.com)

183　Conrad Totman, 1995, 『The lumber industry in early modern Japan』, Univ. of Hawai'i Press.

184　奈良県 川上村 吉野林業, 奈良県 吉野林業.

185　전영우, 2022, 『조선의 숲은 왜 사라졌는가』, 조계종출판사.

186　이종석, 1986, 『한국의 목공예』, 열화당.

187　이강희, 1818, 『거설답객난(車說答客難)』; 서유구, 1840년대, 『임원경제지』; 이규경, 1850년대, 『오주연문장천산고』 인사편 기용류.

188　조선의 대장장이는 무엇을 만들고 어떻게 팔았을까? https://blog.naver.com/laguel/

189　산서성 택주 대양의 수제 바늘 제작은 배모 씨가 바늘 제작의 시조였다. 남경에서 바늘을 만드는 법을 배워서 고향 대양으로 낙향해 현지의 철재로 바늘을 만들기 시작했지만, 규모 자체는 영세하여 가정 내에서 가족 단위로 이루어졌다. 바늘 가공, 열처리, 가내수공업 수준이었다. 동쪽 마을 200~300가호 서쪽 마을 200가호가 바늘 생산에 참여하였고, 300~400여 가호의 바늘 생산은 1,500~2,000명(가호당 4~5명)이 바늘 생산에 참여했다. 산서성은 중국의 대표적 철광석과 석탄 매장지로 오래전부터 중국 제철산업의 중심지였다. 바늘 생산에 드는 철재는 선철을 연철로와 정련로에서 탈탄 처리하여 생산하였고, 바늘 제작용 연철을 저렴하게 공급 가능했다. 열처리에 필요한 연료는 인근 풍부하고 저렴한 무연탄을 활용함으로 제철산업, 철강, 탄광은 규모의 경제를 통해 바늘 제작 원재료비를 대폭 줄일 수 있었다. 주변에 철사를 제작하는 업자도 있었다. 조선은 철의 대량 생산이 어려웠다. 연료로 석탄을 사용하지 않았다. https://blog.naver.com/laguel/222907450845

190　『삼국사기』 권제5 신라본기 제5 선덕왕 3년 춘3월; 『삼국사기』 권제24 백제본기 제2 구수왕(仇首王) 18년 하4월.

191　『삼국사기』 권제34 잡지(雜志) 제3 지리(地理)1 신라 임관군(臨關郡).

192　『삼국유사』 권4 의해5 원효불기.

193　『고려사』 권78지 권제32 식화 전제 공부.

194　『고려사』 권79지 권제33 식화2 농상.

195　『고려사』 권59지 권제13 예, 길례대사, 환구, 친사의 같은 길례대사의 사직제;

『고려사』 권60지 권제14 예2, 길례 대사 태묘, 체협친향의(禘祫親享儀).

196 『고려사』 권3 세가 권제3, 성종 10년 윤2월 3일;『고려사』 권59지 권제13 예, 길례 대사, 사직.

197 『연산군일기』 20권, 연산 2년 12월 28일 신축.

198 『세종실록』 세종 29년(1447) 8월 10일.

199 『嶺南邑誌』梁山郡邑誌 官用 읍지2 경상도편②, 아세아문화사, 300쪽.

200 『승정원일기』 영조 2년(1726) 5월 26일: "而金礪則連三代繼葬之舊山, 德徵則其 奴家栗園量付田庫, 兩人之◯爲山主, ◯爲田主."

201 『승정원일기』 영조 2년 5월 26일 정사: "而金礪則連三代繼葬之舊山, 德徵則其 奴家栗園量付田庫, 兩人之◯爲山主, ◯爲田主."

202 『태종실록』 태종 9년(1409) 5월 24일;『세종실록』 세종 5년(1423) 5월 7일.

203 1474년에 편찬한『국조오례서례(國朝五禮序例)』에는 밤나무로 위판(位版)을 제작한다고 명시한다.

204 주재는 속대전 예전 잡령 율목소산처 항에 "奉常寺, 主材栗木所産處, 發遣敬差 官·泛鐵官, 慶尙道, 則每式年一取, 忠淸·全羅道, 則間式年一取. 江原道, 則因 國用不足, 間或別爲斫來"에 수록되어 있으며, 국용주재는『승정원일기』 영조 20년(1774) 4월 2일 기사에 등장한다.

205 전영우, 2012, 조선시대 왕실의례용 임산물 생산을 위한 사찰의 산림 관리, 산림 과학공동학술발표논문집, 한국임학회.

206 『국조오례서례(國朝五禮序例)』 권5 흉례(凶禮) 신주(神主)의 도설(圖說) 위판 (位版).

207 『춘관통고』는 1788년(정조 12년)『춘관지(春官志)』·『국조오례통편』 등을 바탕 으로 예조가 관장하는 모든 예제와 예무를 길(吉)·가(嘉)·빈(賓)·군(軍)·흉의 오례로 나누어 편찬한 책으로, 卷4 吉禮 宗廟 位版式. 社稷【州縣社稷幷附】 位 版式 位版, 長二尺二寸五分, 廣四寸五分, 厚七分, 跌方八寸, 跌高四寸六分. 凡 國中壇廟位版, 皆用封山栗木. 詳見宗廟位版式.

208 장지연, 2011, 조선 시기 州縣 社稷壇 설치의 의미와 그 실제,『한국문화』 56, pp. 3-46: 전국 주현에 사직과 향교가 설치된 시기는 1406년(태종 6)이었다.

209 『경국대전』「예전」 제례에는 대사로 종묘(宗廟), 영녕전(永寧殿), 사직(社稷)이 있으며, 중사로 악(嶽), 해(海), 풍(風), 운(雲), 뇌(雷), 우(雨), 악(岳), 해(海), 독 (瀆), 선농(先農), 선잠(先蠶), 우사(雩祀), 문선왕(文宣王), 역대시조(歷代始祖) 를 모셨으며, 소사로는 마조(馬祖), 마사(馬社), 마보(馬步), 영성(靈星), 노인성 (老人星), 명산·대천(名山大川), 사한(司寒), 마제(禡祭), 독제(纛祭), 여제(厲祭) 등이 있었다. 그 밖에 기·보사(祈報祀), 문소전(文昭殿), 산릉(山陵), 거묘(去廟), 진전(眞殿) 등이 있었다. 이 제사들은 격에 따라서 국가나 지방의 군현들이 주체 가 되어 지냈다.

210 『태종실록』 태종 14년(1414) 8월 21일.

211 이문주, 2010, 『주자가례』의 조선 시행과정과 가례주석서에 대한 연구, 『유교문화연구』16권 16호, pp. 37-61.

212 『세종실록』 세종 2년(1420) 9월 23일: "봉상시에서 먼저 밤나무 신주와 신주 궤를 만들어서 상자에 담고 보자기를 덮어서"라고 기록되어 있다.

213 『세종실록』 오례 흉례 의식 제위판의(題位版儀): "위판(位版)은 밤나무로 만드는데, 길이가 1척(尺) 2촌(寸), 두께가 8푼(分), 너비가 4촌(寸)이고, 규(圭)의 머리[首]와 받침[趺]은 길이가 8촌, 너비가 4촌, 두께가 2촌이며, 좌제(座制)와 면정(面頂)은 모두 비[虛]게 한다. 대(臺)는 길이가 1척 4촌, 너비가 9촌, 두께가 2촌이며, 대(臺) 위는 3면(面)이다. 판(版)의 높이는 각각 1척 3촌 5푼, 두께는 각각 3푼이고, 후면(後面)의 너비는 1척 5푼, 좌우면(左右面)의 너비는 각각 5촌인데, 백자판(柏子版)으로 만든다. 덮개의 제도(蓋制)는 평정(平頂)으로 사향 직하(四向直下)인데, 정면(正面)은 넓고 방면(旁面)은 좁다. 전후판(前後板)의 길이는 1척 3촌 1푼, 너비는 1척 1촌 7푼, 두께는 3푼이고, 좌우판(左右板)의 길이는 1척 3촌 1푼, 너비는 6촌 3푼 남짓하다. 덮개판(蓋板)의 길이는 1척 1촌 7푼, 너비는 6촌 3푼 남짓하고, 두께는 3푼인데, 백자판(柏子板)으로 만든다."

214 (사)교남문화유산, 2019, 조선후기 산림정책의 변화와 율목봉산제 운영에 관한 연구, 산림청.

215 『승정원일기』 현종 13년(1672) 9월 11일.

216 범철관(泛鐵官) (한국민족문화대백과, 한국학중앙연구원)

217 『성종실록』 성종 8년(1477) 6월 13일 무.

218 『성종실록』 성종 24년(1493) 6월 5일.

219 『중종실록』 중종 36년(1541) 10월 4일.

220 『묵재일기』 1552년 1월 7일: "율목경차관 남궁희가 성주에 들어왔다고 한다(栗木敬差官 南宮禧入州云)."

221 『미암일기』 11책 1574년 12월 24일 디지털 장서각.

222 『속대전』禮典 雜令 [栗木所産處]: 奉常寺, 主材栗木所産處, 發遣敬差官·泛鐵官, 慶尙道, 則每式年一取, 忠淸·全羅道, 則間式年一取. 江原道, 則因國用不足, 間或別爲斫來.

223 『승정원일기』 숙종 23년(1697) 윤3월 20일.

224 『승정원일기』 영조 8년(1732) 9월 5일.

225 『국역비변사등록』 영조 14년(1738) 9월 16일.

226 『국역비변사등록』 헌종 9년(1843) 9월 3일.

227 조명제·김탁·정용범·정미숙 역주, 2009, 『역주 조계산송광사사고: 산림부』, 혜안.

228 『고종실록』, 고종 6년(1869) 11월 10일: "율목경차관이 식년(式年)마다 돌아가면서 삼남(三南)지방에 내려가고 있습니다. 그러나 연로(沿路)의 주전(廚傳, 역참에서의 음식 대접) 때문에 근심이 됩니다. 이제부터는 잘라 취하는 것과 배진하는 등의 절차를 각 해당 도로 하여금 따로 차사원(差使員)을 정해놓고 거행하게 하는 것이 좋을 듯합니다" 하니, 윤허하였다.

229 『춘관통고』 卷4 吉禮 宗廟 位版式.

230 『승정원일기』 영조 26년(1750) 12월 29일: "以除嶺南一道三十一邑栗木四百株 分定之弊, 何如? 傳曰, 允"(영남 한 개의 도 31개 고을의 밤나무 400그루를 나누어 배정하는 폐단을 없애는 것이 어떻겠습니까? 윤허한다고 전교하였다.)

231 조명제·김탁·정용범·정미숙 역주, 2009, 『역주 조계산송광사사고: 산림부』 혜안, 37쪽.

232 『승정원일기』 영조 15년(1739) 12월 10일: "本道所定栗木元數三百株, 自本道 分定於栗木所産處二十五邑, 而各邑栗木, 本來不敷, 而今且垂乏, 斫取之數, 僅 至一百五十餘株, 木品廣狹, 亦不合於國用."(본도에서 정한 밤나무의 원수(元數) 300그루는 본도에서 밤나무에 생산되는 곳이 25개 고을에 분정되어 있는데, 각 고을의 밤나무가 본래 넉넉지 않은데 지금 또 거의 다 떨어졌으므로 베어내는 수량이 겨우 150여 그루에 이르는데, 목품(木品)의 폭이 또한 국용(國用)에 적합하지 않습니다.)

233 『승정원일기』 영조 15년(1739) 12월 10일.

234 『續大典』 禮典 雜令 [栗木所産處]: 奉常寺, 主材栗木所産處, 發遣敬差官·泛 鐵官, 慶尙道, 則每式年一取, 忠淸·全羅道, 則間式年一取. 江原道, 則因國用不 足, 間或別爲斫來.

235 『승정원일기』 숙종 16년(1690) 1월 11일: "수량을 채우지 못한 상태에서 지난 해 2월에 벤 나무가 또 불타버렸고 약간 남아 있는 목(木)을 이어서 쓸 길이 없으니, 앞으로 문제가 생길 우려가 있습니다. 무릇 밤나무를 베어내는 규례는 호서와 호남 두 도는 식년(式年)마다 베어 가고 영남은 식년마다 베어내는 것이 본디 상규(常規)이고, 이번 경오 식년에는 호서를 담당할 차례이니, 가을을 기다려 베어 가려고 한다면 막중한 국용(國用)을 계속 벨 길이 없고, 호서는 우선 먼저 베어 올 것이니, 반드시 이달 20일 전에는 경차관을 차송하여 밤나무가 나오기 전에 베어 오게 하고, 영남은 우선 가을이 되기를 기다렸다가 규례대로 베는 것이 어떻겠습니까? 하니, 윤허한다고 전교하였다.

236 『승정원일기』 경종 3년(1723) 6월 13일.

237 『춘관통고』 卷4 吉禮 宗廟 位版式: "식년마다 율목경차관 2원이 삼남으로 나뉘어 갔는데, 영남은 400그루를 취하고, 호남과 호서는 식년마다 돌아가며 교대로 가서 300그루를 취한다."

238 『六典條例』 卷5 禮典 奉常寺 總例: 栗木, 割敬差官二員, 式年, 分往嶺南封山河 東雙溪寺洞. 取四百株, 湖南封山求禮鷰谷寺洞, 順天松廣寺. 與湖西無封山, 分 斫列邑. 間式年輪回, 取三百株, 或未準其數, 則草記, 更送關東無封山, 分斫列邑. 斫取充數; 桑木, 分斫於兩西列邑; 三寺雙溪, 鷰谷, 松廣. 壯白紙, 定數收納.

239 장지연, 2011, 조선시기 州縣 社稷壇 설치의 의미와 그 실제,『한국문화』56, pp. 3-46.

240 『嶺南邑誌』金山郡事例成冊 上下秩 읍지2 경상도편②, 아세아문화사, 289쪽; 『嶺南邑誌』安東府邑誌 壇廟 읍지3 경상도편③ 아세아문화사, 50쪽.

241 전패작변은 각 고을의 객사에 왕의 초상을 대신하여 있는 전패(殿牌)를 훼손하는 행위로, 임금의 권위를 훼손하는 대역죄다. 전패작변은 부패한 지방관을 쫓아내기 위해 국왕의 상징인 전패를 훼손하는 행위다. 위패작변은 향교의 부정을 고발하기 위해서 위패를 훼손하는 행위다.

242 (사)교남문화유산, 2019, 조선후기 산림정책의 변화와 율목봉산제 운영에 관한 연구, 산림청.

243 한국국학진흥원 교육연수실편, 2005,『제사와 제례문화』, 한국국학진흥원.

244 『승정원일기』철종 5년(1854) 8월 11일: "제위판(題位板)과 제국공(齊國公) 공씨(孔氏), 곡부(曲阜)의 안씨(顏氏), 내무후증씨(萊茂侯曾氏), 사수후공씨(泗水侯孔氏), 주국공(邾國公) 맹씨(孟氏)가 쓰고, 5위(位) 위판(位版)을 지은 밤나무를 봉상시로 하여금 마련하여 내려보내게 하였습니다."

245 『승정원일기』경종 즉위년(1720) 8월 23일: "나라에서 쓸 밤나무를 작취하러 가는 경차관이 정결한 나무를 얻을 수 있도록 제도(諸道)에서 각별히 각 읍에 분정하게 하고 성실히 거행하지 않는 해당 수령은 파출할 것을 청하는 봉상시의 계."

246 『춘관통고』卷4 吉禮 宗廟 位版式: "무릇 나라 안 단묘(壇廟)의 위판(位版)은 모두 봉산(封山)의 밤나무를 사용한다. 봉산(封山)은 호남에서 구례(求禮) 연곡사(鷰谷寺) 동(洞)과 영남(嶺南) 하동의 쌍계동(雙溪洞)으로 봉상시가 관장한다. 본시에는 예전에 율목봉산이 없었다."

247 『승정원일기』영조 15년(1739) 12월 10일.

248 (사)교남문화유산, 2019, 조선후기 산림정책의 변화와 율목봉산제 운영에 관한 연구, 산림청.

249 封山. 在湖南求禮鷰谷寺洞 順天松廣寺 嶺南河東 雙溪寺東, 디지털장서각 RD00818.

250 『승정원일기』영조 17년(1741) 8월 19일.

251 『승정원일기』영조 21년(1745) 11월 21일.

252 『영조실록』영조 21년(1745) 11월 21일.

253 조명제·김탁·정용범·정미숙 역주, 2009,『역주 조계산송광사사고: 산림부』혜안.

254 『승정원일기』영조 22년(1746) 4월 17일.

255 『승정원일기』영조 24년(1748) 5월 14일;『승정원일기』영조 24년(1748) 10월 17일.

256 『승정원일기』 철종 6년(1855) 2월 10일.

257 『승정원일기』 영조 41년(1765) 11월 12일; 『승정원일기』 영조 42년(1766) 12월 25일.

258 『승정원일기』 영조 47년(1771) 6월 14일.

259 『승정원일기』 순조 8년(1808) 10월 15일.

260 『승정원일기』 순조 30년(1830) 3월 3일.

261 전영우, 2019, 『송광사 사찰숲』, 모과나무.

262 벌목과 조재와 운송에 참여한 인꾼의 숫자로, 사찰의 승려들은 일부 포함되지 않았을 수도 있다.

263 『가례도감의궤』 영조 정순왕후.

264 조선왕조실록사전, 2023, 한국학중앙연구원.

265 『일성록』 정조 10년(1786) 윤7월 23일: "향탄의 수요와 수호군을 접제(接濟)하는 위전은 별도의 조치가 없어서는 안 되겠다."

266 『일성록』 정조 5년(1781) 1월 17일: "각궁(各宮)의 향탄(香炭)을 추가로 징수하는 것이 점점 많아지고 있습니다"라고 밝히고 있다. 선희궁은 1764년(영조 40년)에 영조의 후궁이자 사도세자의 생모인 영빈이씨의 신주를 봉안한 묘사(廟祠)이며, 명례궁은 선조가 왕실의 내탕을 마련하고 관리하던 기구였다.

267 『속대전』 공전 시장 各陵寢香炭山 陵官望報定標.

268 『영종대왕국휼등록(英宗大王國恤謄錄)』, 1776, 장서각.

269 『춘관통고』는 1788년(정조 12년)에 '정조의 명을 받은 유의양(柳義養)이 개국 초부터 정조 대에 이르기까지 400여 년 동안 예조에서 관장한 모든 업무 내용과 관련 예제들을 모아 수록한 책'이다.

270 『승정원일기』 숙종 18년(1692) 2월 14일: "則楊州在近畿…香炭山十三處."

271 『승정원일기』 정조 16년(1792) 5월 25일.

272 『승정원일기』 순조 즉위년(1800) 11월 29일.

273 연경묘의 향탄 표석은 경주 함월산 수렛재 인근('延經墓香炭山因啓下佛嶺封標'), 양북면 용동리 감재골 고개(延經墓香炭山因啓下柿嶺封標), 양남면 수렴리 154-1번지(延經墓香炭山因啓下水封念標)에 각각 있으며 1831년(신묘 10년)에 세웠다. 의성의 봉표는 의성군 점곡면 명고리 산 36번지의 바위(延經墓香炭山因啓下城山玉谷巖封標)에 새겨져 있다.

274 『승정원일기』 철종 9년(1858) 10월 1일.

275 『승정원일기』 헌종 4년(1838) 윤4월 29일.

276 김명래, 2024, 조선후기 충청수영의 송정(松政): 안면도를 중심으로, 군사(軍史) 제130호, pp. 67-111: 논문에서 "주회 4리를 ①정방형으로 가정하면 1변

이 1리(360보×6×0.2m=432m)이고 면적은 186,624㎡가 되며, ②원형으로 가정하면 직경 458.6보(550.3m)이고 면적은 237,720㎡가 된다. 따라서 주회 4리는 200,000㎡ 내외가 될 것이다. 정방형으로 가정할 때 주회 20보=36㎡, 주회 30보 =81㎡다." 따라서 이 글에서는 편의상 1번 1리의 길이를 440m로 계산했다.

277 의소묘의 300결 중 80결 배정.

278 정해득, 2009, 『정조시대 현륭원 조성과 수원』(신구문화사)의 표를 재인용하여 계산했다.

279 『일성록』 정조 16년(1792) 5월 25일: "호남 장흥부(長興府)의 보림사는 바로 현륭원의 제향 때 쓰는 향탄(香炭)을 진배하는 곳이고, 또 용주사(龍珠寺)의 속사 (屬寺)입니다." 보림사(寶林寺)에서 무법(無法)하게 공부(貢賦)를 함부로 징수하는 폐단을 거듭 금하라고 신칙하였다.

280 김희태, 2020, 효명세자 흔적이 담긴 봉표(封標)를 아시나요? https://www. nongaek.com/news/

281 『각사등록』, 경상도 6, 1900년 9월.

282 『승정원일기』 철종 9년(1858) 6월 2일.

283 『승정원일기』 철종 9년(1858) 8월 29일.

284 『승정원일기』 철종 2년(1851) 5월 7일.

285 『승정원일기』 고종 1년(1864) 4월 20일.

286 전영우, 2012, 조선시대 사찰의 산림관리: 율목봉산과 향탄봉산을 중심으로, 산림과학 24:1-27, 국민대학교 산림과학연구소.

287 『승정원일기』 숙종 1년(1675) 2월 18일.

288 『승정원일기』 숙종 2년(1676) 4월 21일.

289 『승정원일기』 숙종 3년(1677) 7월 3일.

290 『승정원일기』 숙종 4년(1678) 12월 14일.

291 『승정원일기』 숙종 18년(1692) 9월 14일.

292 『승정원일기』 숙종 18년(1692) 9월 14일.

293 『승정원일기』 숙종 19년(1693) 9월 20일.

294 『승정원일기』 숙종 33년(1707) 11월 13일.

295 『승정원일기』 숙종 45년(1719) 6월 20일.

296 『승정원일기』 영조 6년(1730) 9월 12일.

297 『승정원일기』 영조 31년(1755) 7월 15일.

298 『승정원일기』 영조 31년(1755) 6월 7일.

299 『여지도서』는 영조의 지시로 1757~1765년에 각 읍에서 편찬한 읍지를 모아 책

으로 만든 전국 읍지(邑誌)다.

300 『승정원일기』 영조 35년(1759) 9월 19일.

301 『승정원일기』 정조 1년(1777) 11월 10일.

302 『승정원일기』 철종 9년(1858) 6월 23일.

303 『승정원일기』 철종 10년(1859) 7월 20일.

304 『승정원일기』 철종 10년(1859) 5월 1일.

305 『승정원일기』 철종 9년(1858) 8월 17일.

306 『승정원일기』 철종 10년(1859) 6월 16일.

307 『승정원일기』 철종 2년(1851) 5월 7일.

308 『승정원일기』 고종 1년(1864) 4월 11일.

309 『승정원일기』 고종 1년(1864) 4월 20일.

310 문화재청 궁능유적본부 조선왕릉 홍릉.

311 정해득, 2009,『정조시대 현륭원 조성과 수원』, 신구문화사.

312 정해득, 2009,『정조시대 현륭원 조성과 수원』, 신구문화사, 재인용.

313 정해득, 2009,『정조시대 현륭원 조성과 수원』, 신구문화사.

314 『일성록』 정조 13년(1789) 2월 16일.

315 『일성록』 순조 13년(1813) 3월 27일.

316 『육전조례』(1867) 卷4 戶典 宣惠廳用下 陵·園香炭錢, 一千一百兩: 仁陵, 六百兩, 徽慶園, 五百兩.

317 『각사등록』 영암군 소재 건릉의 향탄전 처리에 관한 내용은 영암군 남기원 1895년 6월 17일(음).

318 선릉은 1495년에 조성되었다.

319 『역주 선릉 정릉지』, 2014, 한국학중앙연구원: ①탄세를 실어다 바치는 기한은 10월 초순 이전을 정식(定式)으로 한다. ②5절향(五節香)의 향탄은 매 1섬[石]씩, 두 분의 기신대제 때는 매 2섬씩, 사시 삭망분향의 향탄은 4섬씩 도합 13섬인데, 매 섬의 절가는 1냥씩 치러준다. ③각 능에는 모두 삭탄(朔炭)을 분이하는 예가 있는데, 이 능에만 유독 이전의 규례가 없다. 이는 홈전이므로 다른 능의 사례에 의거하여 삭탄을 마련하고자 하나, 새로운 규례를 창개한다는 혐의가 없지 않다. 그러므로 능속이 원하는 바에 따라 삭탄은[이하의 내용은 자세하지 않다.] ④탄세를 봉납 받고 남은 돈 20냥은 두 관원 댁에 나눠준다. ⑤형방은 한 능역의 안을 전부 차지(次知)하여 다른 소임과 차이가 있으므로, 돈 25냥을 행하한다. 2명에게는 돈 8냥씩 도합 16냥을 행하한다. ⑥두 능의 복마군 2명에게는 돈 8냥씩 도합 16냥을 행하한다. ⑦각 방(房)이 비록 직무상 맡은 일은 없으나, 이미 방임으로 평칭을 삼고도 한 푼도 나눠주지 않는 것은 사체가 심히 매몰된 것이니,

이방에서 공방까지 5방의 임소에 돈 2냥씩 도합 10냥을 행한다. ⑧경서원(京書員)의 공로는 각 방과는 좀 다르니 돈 3냥을 행한다. ⑨두 능의 수복 및 순산군, 후배에게는 돈 1냥씩 도합 6냥을 행한다. ⑩제향 시 기명을 번군에게 거둬들여 진배하는 일이 매우 구차스러우니, 매년 봉상시에서 돈 5냥을 형방 이하에게 내주어 각 방에서 쓸 바를 준비하게 한다. ⑪ 예조 서리에게는 으레 공사채로 매년 5냥을 내주고 있으니, 경서원이 이를 전해주도록 한다. ⑫이상 103냥. ⑬ 남은 돈 113냥은 관원댁에 나눠준다.

320　『승정원일기』 영조 34년(1758) 4월 1일.

321　『비변사등록』 영조 34년(1758) 4월 5일.

322　『승정원일기』 헌종 4년(1838) 윤4월 29일. 依春川歲收之數, 自今年, 以五百兩割付本園, 春川·麒麟, 史呑兩面收稅一款, 還寢之意, 分付道臣, 何如? 傳曰, 允.

323　『승정원일기』 정조 즉위년(1776) 5월 11일.

324　『승정원일기』 정조 16년(1792) 5월 25일.

325　『일성록』 정조 19년(1795) 6월 23일.

326　『일성록』 정조 20년(1796) 10월 27일.

327　『일성록』 순조 12년(1812) 7월 12일.

328　『일성록』 순조 5년(1805) 10월 15일.

329　탁효정, 2016, 조선초기 능침사의 역사적 유래와 특징, 『조선시대사학보』 77, pp. 7~44.

330　탁효정, 2012, 『廟殿宮陵園墓造泡寺調』를 통해 본 조선후기 능침사의 실태, 『조선시대사학보』 61, pp. 195~229.

331　『일성록』 정조 16년(1792) 5월 25일.

332　용문사는 전주 조경단(肇慶壇)의 조포사인 상이암(上耳菴, 임실군 상동면 성수산)의 속사였다.

333　동화사의 예조 첩지: "禮曹 釋敏軒爲 綏陵造泡屬寺 慶尙道大邱桐華寺 兼 香炭封山守護摠攝八道僧風糾正 都僧統者 光緒六年 十一月."

334　탁효정, 2012, 『廟殿宮陵園墓造泡寺調』를 통해 본 조선후기 능침사의 실태, 『조선시대사학보』 61, pp. 195~229.

335　명례궁은 선조가 왕실의 내탕(內帑)을 마련하고 관리하던 기구였다.

336　辛卯六月 日 明禮宮 完文. "…一本寺四處局內爲 祝香炭封山 劃下東至可質嶺西去馬亭峙南距武陵地北到鼻持嶺 賜標此中松楸柴雜木等一草一葉如陵園藪林一截嚴禁是矣如有土豪勢班及吏屬輩雇奴等恃其威脅無難入伐該任僧直報本宮移刑曹遠配之擧爲齊一本寺定界內淸凉堡田大坪馬亭致隣武陵紅流等地所耕田畓已是 先朝賜牌地內則自今爲始結與火束自本寺奉納以爲 爲祝香供之資爲齊…."

337 『曹溪山松廣寺史庫』는 인물부, 건물부, 산림부로 구성되어 있으며, 인물부에 이어 산림부도 번역본(『역주 조계산송광사사고: 산림부』, 조명제 외, 혜안, 2009)이 출간되었다.

338 박병선, 2006, 朝鮮後期 願堂考, 『백련불교논집』 5-6집; 박병선, 2009, 조선후기 원당의 설립과 절차 및 구조, 『경주사학』 29, pp. 53-98.

339 장례원은 1895년(고종 32년) 궁내부에 속하여 궁중의 의식·제향·조의·시호·능원·종실 등의 일을 맡아보던 관청이다.

340 장례원(掌禮院), 광무(光武) 4년(1901) 5월: 다음과 같이 완문을 만들어 발급함. 경상북도 예천군 소백산 용문사는 인빈궁(仁嬪宮)의 원당(願堂)이요, 소헌왕후와 문효세자 두 분의 태실을 봉안한 곳이어서 그 소중함이 여타 사찰과 크게 다르므로 왕실에서 특별히 사방의 경계를 정하고 사패금양(賜牌禁養)하여 수호한 유래가 오래더니, 근자에 들어 금지하는 기강이 소홀해지고 백성들의 풍습이 무상(無常)해서 사방의 경계 안에서 제멋대로 묘를 만들어 매장하며 어려운 줄 모르고 소나무를 베어서 거주하던 승려들은 이를 빌미로 이리저리 흩어지고 절은 이미 보전키도 어렵게 되었으니 이러한 소식을 접함에 지극히 놀라울 따름이요, 공무에 봉직하는 도리에 어찌 황송치 않겠는가! 이제 또 특별히 홍릉(洪陵)의 향탄봉산(香炭封山)으로 삼으라는 뜻으로 분부하신 칙교(勅敎)를 받들어 금호(禁護)할 조건을 다음과 같이 완문을 만들어 발급하니 오로지 그대들 승도들은 영원히 준수하고 실행해야 마땅할 일이다.

341 선희궁의 차첩, "差帖 釋仁燁任慶尙南道固城郡安靜寺宣禧宮松花封山守護僧風糾正十三道都僧統兼本寺祝聖壇崇奉院長香炭封山禁松都監者 光武四年六月日 宣禧宮."

342 전영우, 2024, 조선시대 통영 관내 솔밭(松田) 장부(松案)(Ⅱ), 『숲과문화』, 33권 5호.

343 『조경단준경묘영경묘영건청의궤(肇慶壇濬慶墓永慶墓營建廳儀軌)』, 1900, 영건청(營建廳).

344 『해동지도』 1750년대, 『비변사인방안지도』 18세기 중엽, 『조선팔도지도』 18세기 후반, 『여지도』 1736~1776년.

345 용문사 홍례원 완문의 사진과 국역의 출처는 용문사 홈페이지(http://www.yongmoonsa.org/) 참조.

346 현봉, 2015, 「금명보정(錦溟寶鼎)의 종통(宗統)과 다풍(茶風)」, 『선문화』, pp. 60~80: 그 내용의 일부는 다음과 같다. "40세인 경자년(1900) (…) 총섭(주지)의 인수를 차고 소임을 맡으면서 각종 관역(官役)의 폐해를 혁파하고 향탄봉산을 칙령으로 제정케 하였다. 조선시대에는 성리학을 통치 이념으로 삼으니 유교자류임을 자처하는 부유배들의 뇌리에는 늘 척불훼석의 용렬한 정신이 들어 있어 승려들의 인권을 유린하고 불교를 탄압하며 사탑이나 불상을 훼파할 뿐만 아니라, 절 땅에 명당을 찾아 분묘를 쓰기 위해 폐사를 시키기도 하였으며, 관청에서는 진상이나 관용을 칭탁하면서 주구를 자행하였다. 그러다 사원의 재산이 다하

거나 성력이 다하게 될 때에 승도들이 사원과 불탑 등을 빈 골짜기에 남겨두고 다른 절로 가거나 환속하는 그런 참상이 곳곳에 이루어졌다. 특히 숙종 이후부터 200여 년 동안에 심하다가 갑오경장(1894) 이후부터는 조금씩 덜해졌다. 그런 역사 속에 송광사에서는 관청이나 부패한 세도가들과 못된 유생들의 횡포로부터 사운을 유지하기 위해 순조 29년(1829)에 혜준대사의 알선으로 본산을 율목봉산으로 칙정하게 되었다. 율목봉산은 종묘나 왕릉에 모시는 위패를 만드는 밤나무를 보호하기 위해서 칙령으로 그 경계 안에 일반인들의 난행을 금하고 출입을 통제하는 것이었다. 그리하여 관청이나 유생들의 주구나 횡포를 조금이나마 벗어날 수 있었다. 금명 스님이 광무 3년(1899) 해인사에서 인출한 대장경을 본사에 봉안할 때에 별검 김영택이 말하기를 '이제 율목봉산도 칙정된 지가 70년이 지나 그 위광이 실추되었으니, 송광사를 홍릉(洪陵)에 부속시켜 거기에 쓰일 숯을 공급하는 향탄봉산으로 주선함이 어떤가?' 하므로, 산중의 율암 취암 등 대덕들과 노력하여 송광사 일대가 향탄봉산으로 칙정되게 하였다."

347 박병선, 2006, 朝鮮後期 願堂考,『백련불교논집』5-6집.

348 『전객사별등록』은 숙종-영조 대에 일본과의 관계로 인한 제반 업무 및 왕명으로 실시된 다른 부서와의 관련 업무에 대한 기록을 전객사(典客司)에서 정리하여 편찬한 책으로, 이 책에 "山盖朝家折給炭封山梁山等地而又有炭軍收布之法"이 언급되어 있다.

349 『승정원일기』영조 10년(1734) 7월 4일.

350 『일성록』헌종 8년 8월 27일.

351 『일성록』헌종 8년 9월 5일.

352 『통제영계록(統制營啓錄)』고종 20년(1883) 2월 17일.

353 『여지도서』는 1760년(영조 36년)에 각 읍에서 편찬한 읍지를 모아 성책(成册)한 전국 읍지(邑誌)이다. 향탄봉산은 江原道 圖[伊川府] 중에 "香炭封山 鶴鳳山兎山界星下津松羅峙五松山地天山"로 기재되어 있다.

354 『정조실록』23권 11년 1월 19일: "盖松政, 蔘稅兩事, 聖意屢形於絲綸, 而今承筵敎, 益覺其不可輕議於香炭, 松田, 則仍作封山, 蔘火稅, 則請令本官, 依前收稅."

355 『선조실록』선조 33년(1600) 1월 29일.

356 『현종실록』현종 14년(1673) 12월 18일.

357 『숙종실록』숙종 23년(1697) 10월 5일.

358 송광연의 『범허정집』규4105 시문집으로 천·지·인 3책 중 제1책이 없다. 권5에 호서순무사 서계가 실려 있다. 서계는 한국고전번역원 홈페이지에 원문 자료로 게시 중이다.

359 所謂拔去山段舉皆濯濯無一株松木見存者是白去乙諸問其由則 初伐於甲子始封之時再伐於乙丑拔去日 三伐於丁卯再封之時四伐於己巳更伐之日乙仍于從前長養之木伐盡於四度封拔之時施如爲白去乙. 면천군 2(의송산 지정)/7(해제

된 발거산), 당진현 2/6, 서산군 8/10, 태안군 2/4, 안흥진 2/2, 소근진 3/4, 해미현 2/5, 홍주목 8/5, 결성현 3/11, 보령현 6/6, 감포현 5/8, 차인현 5/7, 서천군 1/2, 한산군 2/6, 임천군 2/11로 지정 및 해제함.

360 『숙종실록』 숙종 26년(1700) 7월 22일.

361 『정조실록』 정조 5년(1781) 4월 5일.

362 『정조실록』 정조 21년(1797) 1월 15일.

363 배 바닥의 널빤지와 나무못을 갈아 박아 배를 수리하는 것.

364 『정조실록』 정조 24년(1800) 5월 28일.

365 전영우, 2022, 『조선의 숲은 왜 사라졌는가』, 조계종출판사.

366 배의 양옆의 판이 쓰러지지 않게 받쳐 주고 칸을 분리하는 역할을 하는 가로목.

367 전영우, 2024, 조선시대 통영 관내 솔밭(松田) 장부(松案)(II), 『숲과문화』, 33권 5호.

368 『승정원일기』 영조 15년(1739) 12월 10일 기사와 영조 26년(1750) 12월 29일 기사, 『조계산송광사사고 산림부』에 의하면 경상도의 79읍 중에서 31읍, 전라도의 57읍 중에서 42읍, 충청도의 54읍 중에서 25읍에서 필요한 위판용 밤나무를 조달했다.

369 민지애·유리화·김주미·장윤성·이지은·장주연, 2023, 「산림에 관한 국민의식조사」 설문구조 변화분석, 『한국산림휴양학회지』 제27권 4호, pp. 37~53.

370 산림청, 2023, 「2023 산림에 관한 국민의식조사」, 2023. 5. 30. 산림청 보도자료.

371 전영우, 2020, 『우리 소나무』, 현암사.

372 『명종실록』 9년(1554) 12월 10일.

373 비변사 편·조영준 역해, 2013, 『시폐: 조선후기 서울 상인의 소통과 변통』, 아카넷.

374 『승정원일기』 영조 16년(1740) 4월 11일.

찾아보기